新人不動産営業が最初に読む本

5訂版

本鳥有良 著

住宅新報出版

まえがき

不動産会社の営業職といっても、勤務先が住宅の分譲を行っていることから分譲業務に携わる場合もあれば、仲介人として媒介業務に携わる場合などさまざまです。本書では、不動産会社へ入社して間もない新人営業社員向けに、私自身も長年にわたり携わってきた**一般的な住宅物件の売買に関する媒介業務**について、わかりづらい業界用語の説明を含め、少なくとも身につけておいてほしいと思うことをまとめました。

本編では、媒介業務に不慣れな方でも〝今、やるべきことがわかる〟よう、実際の営業現場で行われている媒介業務を、時系列に沿って、物件の検索依頼に基づく「**①客付業務**」、売却依頼に基づく「**②元付業務**」、購入希望者からの申込み後に行う条件交渉から残金決済までの「**③契約業務**」の3つのブロックに分けて、その時々に行うべき業務内容や、守らなければならない法令上のルールなどを解説しています。

また、営業社員として真の実力が問われる営業2年目、3年目に向け、業績向上に役立ちそうなワンポイントアドバイスも要所要所に紹介しました。

本書が、不動産取引のプロとして歩み始めた皆様にとっての道しるべのひとつとなれば幸いに思います。

目次

第1章　不動産取引のプロとしての基本行動

第2章　物件検索依頼に基づく業務（客付業務）

第1節　広告を使った集客活動

第3節　価格査定と売却に向けた提案

第4節　媒介契約の締結から販売活動へ

第4章 条件交渉から残金決済までの業務（契約業務）

第1節 条件交渉と契約書類の作成

第1章

不動産取引のプロとしての基本行動

1　不動産取引のプロとしての役割

宅地建物取引業（以下「宅建業」といいます）に従事する営業担当者は、お客様の大切な財産である不動産を扱う者として、常に専門的な知識を身につけ、質の高いサービスを提供することが大切です。中でも、**不動産取引のプロとして積極的なアドバイスを行うことは、重要な役割**といえるでしょう。

なぜなら、お客様は不動産取引においてさまざまな場面で選択（決断）を迫られますが、知識や経験の不足から必ずしもお客様にとっての望ましい選択ができるとは限らないからです。したがって、営業担当者は不動産取引のプロとして、お客様の置かれている立場を尊重しながら、お客様の抱える不安や疑念を払拭し、より望ましい選択ができるようなアドバイスを積極的に行うことが大切なのです。

また、取引の安全を確保することも重要な責務ですから、宅地建物取引業法（以下「宅建業法」といいます）や、民法をはじめとする関連法規を遵守することはもとより、お客様が取引の目的を達成することができるようサポートすることも大切です。

不動産取引のプロとしての役割

不動産取引のプロとして求められる役割は２つ！

（1）**専門家としての積極的なアドバイス**

お客様に営業担当者が出した“結論”を受け入れるよう迫ると、それは「押し付け営業」の印象を与えてしまうので注意が必要です。

提供するのは結論ではなく、結論を出すために必要な情報なのです！

（2）**取引の安全確保**

法令遵守はもとより、「なぜ、今、住み替えたいのか？」を正しく把握して、お客様の要望に応えることが、取引を安全にすすめるためには大切です。

営業担当者としての心得

（1）**慎重な業務姿勢**
信頼を損なわないよう、安易な回答をしない
（2）**永続的な営業活動**
目先の利益を追求せず信頼を得ることを優先
（3）**お客様の理解を得るための努力**
相手の知識や経験を考慮して説明
（4）**守秘義務の遵守**
業務上知り得た秘密は、ほかに漏らさない
（5）**基本的人権の尊重**
人権保護の意識を常に持って従事する
（6）**個人情報の保護**
個人情報の取扱いには細心の注意を払う
（7）**記録の整理・保存**
取引関連資料は、取引完了後も適正に保管

2 コンプライアンスの重要性と取組み方

「コンプライアンス」とは、法令を遵守することを意味しますが、実社会においては、倫理（＝人として守るべきことや行い、善悪・正邪の判断において普遍的な規準となるような、物事に対する考え方や捉え方）も含めてルールを守ることが求められます。

コンプライアンス違反を起こす主な原因としては、仕事やお客様に対する使命感、責任感が十分でないことや、倫理観の欠如などから引き起こされる不適切な行動などが考えられます。例えば、勤務先に内緒で媒介の依頼者から報酬とは別に金銭を受け取ってしまったり、重要事項説明書などの作成にあたり本来やるべきこと（物件調査や担当部内でのチェックなど）を、面倒だからといった理由で怠ってしまったりすることがあげられます。

このようなコンプライアンスに反する行為をすると、勤務先からの懲罰などを受けるだけでなく、お客様や取引先などからの信用失墜を招くとともに、訴訟や民事上の責任（賠償請求）といったリスクも負うことになります。さらに、こうした問題は、違反した者だけにとどまらず、その者が勤務する会社の信用力の低下を招くことになりますので、業務に従事する者一人ひとりがコンプライアンスの重要性を理解して、取り組むことが大切です。

コンプライアンス違反をしないために取り組むこと

● **コンプライアンス違反を起こす主な原因は？**

・仕事やお客様に対する使命感や責任感が十分でない

・倫理観の欠如などから引き起こされる不適切な行動

● **紛争等（監督処分件数等）**

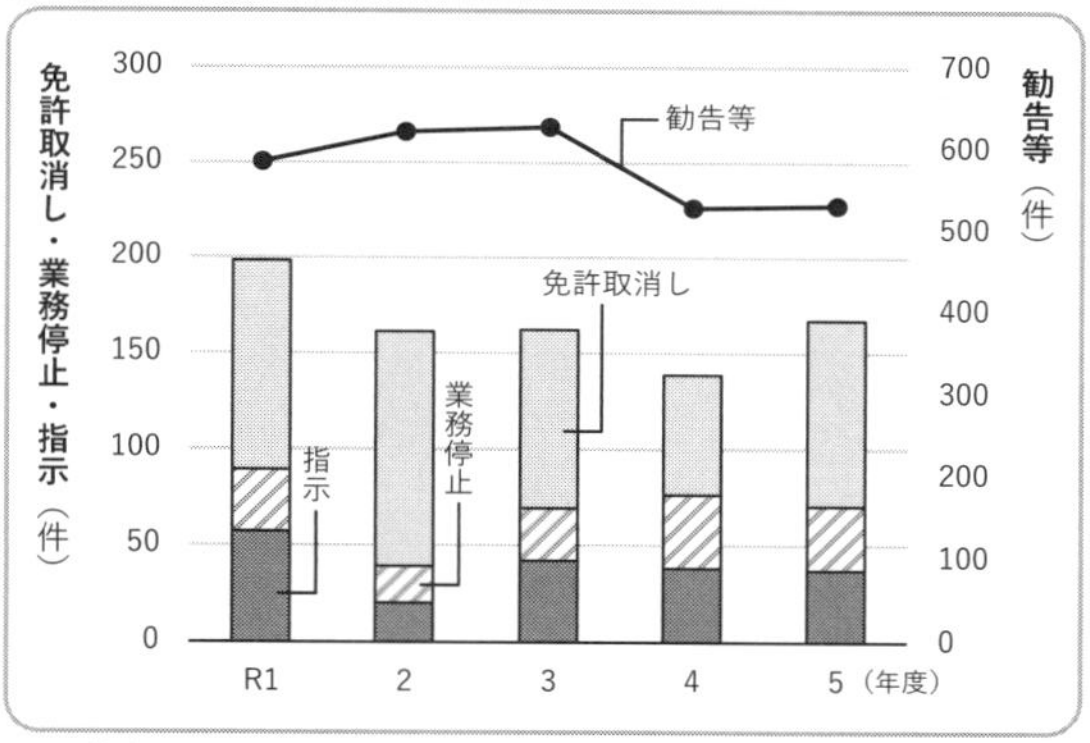

※公益財団法人不動産流通推進センター「2024不動産業統計集（9月期改訂）」より

● **一人ひとりが意識して取り組むべきことは……**

法律や公的ルールを守る

社内規定などのルールや
マニュアルなどの社内規範を守る

社会人としての倫理観を持つ
（不適切な行為をしない）

コンプライアンスを重視し、真摯に取り組む姿勢が、お客様から信頼を得ることにつながります。

3 顧客満足度向上への取組み

顧客満足度を高めたいと思ったら、お客様の会社（自分）に対する「事前期待」と「実績評価」の関係を理解しておくことが重要です。

なぜなら、多くのお客様は一方的な思い込みによる期待（＝これを「事前期待」といいます）に基づき行動を起こし、行動の結果については、事前期待を基準として評価を行う（＝これを「実績評価」といいます）傾向が強いからです。

もし実績評価が事前期待を上回れば、そのギャップは顧客満足度を高めることにつながりますが、実績評価が事前期待を下回れば、そのギャップはお客様の不満、あるいはクレームへと発展していくでしょう。

つまり、**顧客満足度を高めたいと思えば、まずは、お客様の事前期待がどの程度のものなのかをしっかりと捉えておくことが重要**なのです。

そのため、顧客満足度の向上にむけて営業担当者が取り組むべきことは、個々のお客様が持つ事前期待を正しく捉えることができるスキルを身に付けることです。

くれぐれも、「これだけやったのだから、お客様は満足しているだろう」といった、自己満足度を高めるような営業姿勢にならないことがポイントです。

顧客満足度と事前期待・実績評価の関係

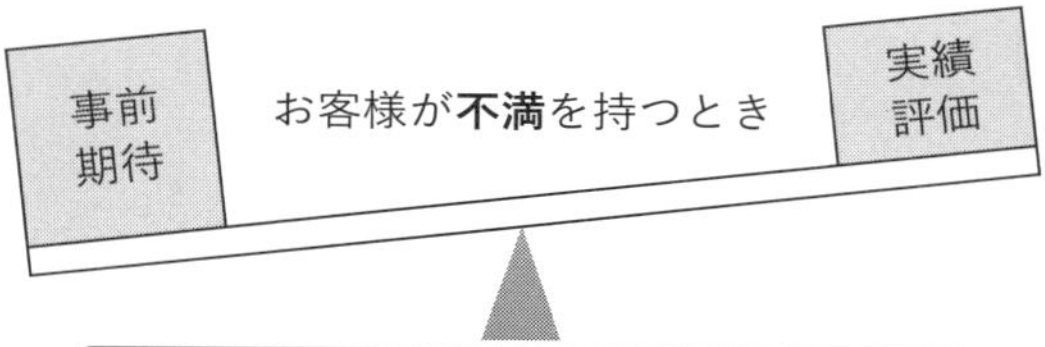

お客様は二度と来てくれない

事前期待と実績評価のギャップが大きいと、**クレームに発展**することもあります！

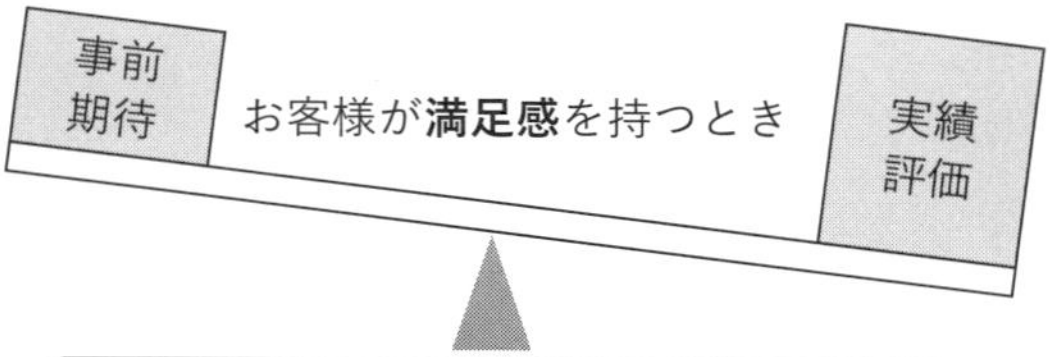

お客様がリピートしてくれる

企業による一方的な顧客管理と業務の効率化（サービスの標準化）は、必ずしも顧客満足度とイコールの関係にあると限りません！

4　個人情報の保護

宅建業者は、個人情報の保護に関する法律（以下「個人情報保護法」といいます）が規定する個人情報取扱事業者に該当するため、法の制限を受けることになります。

個人情報保護法が規定する「個人情報」とは、氏名・性別・生年月日・住所・電話番号・メールアドレス・勤務先・役職・年収・財産など、「生存する個人」に関するさまざまなもの（特定の個人を識別できる情報）を指します。そして、**個人情報を取得しようとする場合、あらかじめ、その利用目的を相手に説明して同意を得る必要があり、**本人の同意を得ないで、特定された利用目的の達成に必要な範囲を超えて個人情報を取り扱ってはいけません。

もしも取得した個人情報を別の目的で利用したい場合は、再度、本人へ確認をし、目的の変更に同意をしてもらう必要があります。また、取得した個人情報を廃棄する場合は、情報の漏洩を防ぐため、情報の復元が不可能なレベルで完全に廃棄する必要があります。

なお、法律上の義務はありませんが、実務では、個人情報の利用目的やその第三者提供、安全管理措置等について記載した書面（「個人情報の取扱いに関する同意書」など）を作成して、お客様に確認・署名してもらうことが望ましいです。

マイナンバーカードの取扱いについて

お客様の本人確認をする際などに「マイナンバーカード」の提示を受けた場合、**必ずカードの表面のみを使用**してください。

税・社会保障・災害関連などの法定された行政手続き以外の目的で、マイナンバーを取得（番号を書き写したり、カード裏面をコピーしたりするなど）することは、本人の同意があったとしても禁止されています。

（カード表面）

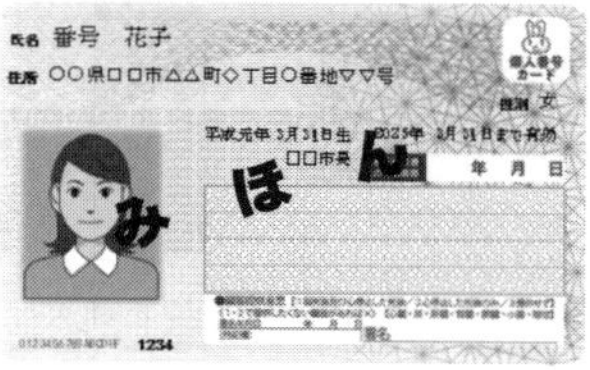

（カード裏面）

個人の方が売主となって不動産を売却するときで、以下の条件に該当する場合、買主の税務手続きに要するため、売主は買主に対して、マイナンバーの提供が必要です。

取引先（買主）	条　　件
法　　人 又は 不動産業者である個人※	同一の取引先からの売買代金の受取金額の合計が、年間100万円を超える場合

※ 主として建物の賃貸借の代理・仲介を目的とする事業を営んでいる個人を除きます。

宅建業者は、絶えず個人情報の漏洩リスクを抱えているため、個人情報に対する意識を日頃から高め、取扱いに最善の注意を払うことが大切です！

5 プロとして備えるべきもの

インターネットの普及によって情報そのものに価値を見出すことが困難な時代、営業担当者に求められるものは、プロとしての積極的な提案による顧客満足度の向上だと思います。

例えば、情報を集めることができても、その集めた情報の中から自分の選択（決断）に必要なものだけを取捨選択することができない……、あるいは情報をうまく自分のために活用することができない……といったお客様は多いものですが、もしも営業担当者がお客様にとって真に必要となる「価値ある情報」を提案することができれば、お客様はストレスなく選択（決断）することができるようになり、結果として、お客様の満足度は高まるはずです。

そこで、**お客様の満足を得られるような提案を行うには、お客様を知ることが重要**な活動となり、そのために必要なプロとしての7つの営業基礎力（①聴く力、②伝える力、③理解する力、④知識力、⑤クロージングする力、⑥交渉力、⑦自己管理力）を身につけ、磨き上げることが大切です。

プロが備えるべき7つの営業基礎力

① 聴く力	自分の価値観などを排除し、素直な気持ちで話を聴くことができる力。 相手が話しやすい環境を作れる、的確な質問ができる力。
② 伝える力	相手に好印象を与える話し方や、相手がわかりやすいと思える話し方（筋道を立てて論理的に話すこと）ができる力。
③ 理解する力	相手が望んでいることを想像できる力。 話の真意をくみ取り、相手の考えていることを理解できる力。
④ 知識力	相手から信頼や尊敬をされるに十分な知識量と、経験などに裏打ちされた知恵を仕事に活かせる力。
⑤ クロージングする力	契約前に生じる心の揺れ（迷い）を払拭することができる力。
⑥ 交渉力	異なる利害関係を調整し、相互に納得感を得るためのコミュニケーションや提案ができる力。
⑦ 自己管理力	時間・仕事・体調の管理、モチベーションのコントロール、スキルの維持・向上を、自己管理できる力。

基礎力を高めるには、「わかっている事＝知識のインプット」と、「できていること＝能力のアウトプット」を自ら整理することが大切です！

6 目標の設定と達成までの行動

仕事は目標を立てることから始まります。そして、『なにを、いつまでに、どうするのか?』といった具体的な目標を立てて、その目標を達成するための努力をすることが自分の成長につながります。

なお、目標を設定する際には「長期目標」・「中期目標」・「短期目標」といった、いくつかのステップを設けることが肝心です。例えば、「今年は営業成績で1位を取るぞ」といった、大きな目標(=長期目標)だけを掲げるのではなく、その目標を達成するには、「毎月○件の契約を取ろう」、そのためには、「毎週○組のお客様に会おう」など、目先の目標(=中期・短期目標)を一つ一つ積み上げていくことが大切なのです。

また、このような**営業目標を達成するには、より多くの仕事を行うこと**が求められますが、時間には限りがあるため、業務の効率化を図るための自己管理をしっかりと行うことも大切です。そして、自己管理能力を高めるには、①仕事に優先順位を付けること、②時間を管理すること、がポイントになります。

目標達成までのプロセス（PDCA サイクル）

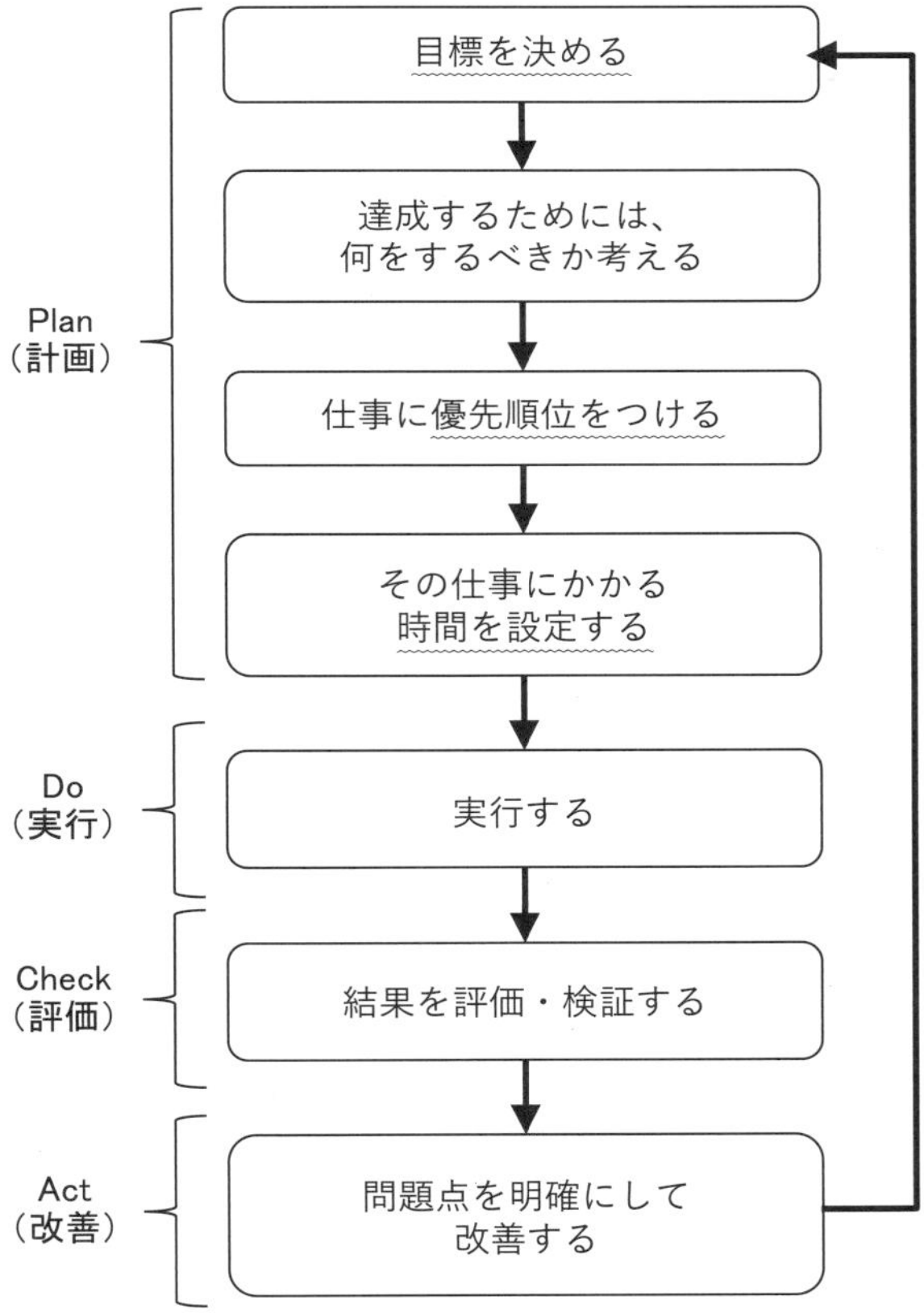

仕事で結果を出すには、「時間」をコストと捉えることが大切です。まさに、忙しい営業担当者にとって「時は金なり！」なのです。

7　業務に関する宅建業法の規制

お客様の保護と取引上のトラブルを防止するため、宅建業法では業務に関してさまざまな禁止事項を定めているため、営業担当者は、それらを遵守しながら業務にあたる必要があります。万一、禁止事項に違反した場合には監督処分の対象となります。

ⓐ　重要な事実の不告知・不実の告知の禁止

宅地建物取引業者（以下「宅建業者」といいます）が、契約の締結に向けてお客様を勧誘するときや、お客様から申し出のあった契約申込みの撤回もしくは解除を妨げるために自らにとって不利益となる事項について故意に事実を告げなかったり、あるいは不実（嘘）のことを告げたりする行為は禁止されています。

この法律は、**お客様の契約可否の判断に重要な影響を及ぼす事項について規定**しているもので、社会通念上、一般人ならば問題とするであろうと思われる事項が幅広く「重要な事項」と解釈される場合があります。したがって、常に契約当事者の立場を理解して、説明義務を十分に果たすよう心がけましょう。

(b) 手付貸与の禁止

宅建業者は取引の相手方などに対して、手付について貸付その他信用の供与をすることにより、その契約を誘引する行為が禁止されています。

例えば、購入を検討しているお客様に対し『手付金を貸すから、今、契約してくれれば値引きをしますよ』といった条件交渉を持ちかけたり、『手付金は明日でかまいませんから、今日、契約してくれれば値引きします（信用の供与）』といったりして契約を誘引するのは、その行為だけで（その行為により契約に至ったかどうかは問いません）禁止事項に該当しますので絶対に行ってはいけません。

(c) 不当な履行遅延の禁止

宅建業者は、その業務に関して、宅地または建物の「登記」もしくは「引渡し」、または取引にかかる「対価の支払い」を不当に遅延する行為をしてはいけません。

例えば、宅建業者が利益を得る目的や怠慢などによって、宅建業者の責任で約束の期日を守らない（履行時期を遅らせる）といった行為が該当します。

(d) 守秘義務の遵守

宅建業者およびその使用人、そのほか従業者は、宅建業の業務を補助したことについて知り得た秘密を、正当な事由がない限り、ほかに漏らしてはいけません。

日々行われる業務の中でお客様と直接にかかわり合いを持つ営業担当者は、必然的にお客様の秘密を知る機会が多くなりますから、守秘義務に対する認識を深めるとともに、誠実な対応を心がけることが重要です。万一、お客様の秘密を漏洩してしまった場合、宅建業者や営業担当者は、法律上の責任を問われるのみならず、お客様からの信用を大きく損なう結果を招くことになるでしょう。

(e) 契約締結等の不当な勧誘等の禁止

宅建業者などは、営業活動などをする際、将来、利益が生じることが確実であると誤認させるような断定的判断を提供する行為をしてはいけません。

例えば、『この土地は将来必ず値上がりするから、今、買っておくべきですよ』といったセールストークは、不当な勧誘等に該当しますので絶対に行ってはいけません。

また、契約の申込みの撤回もしくは解除を妨げるため、お客様を威迫したり、保護に欠けたりする行為もしてはいけません。

業務に関する宅建業法の規制（まとめ）

1.受付業務

- 信義誠実義務（31条）

2.査定と媒介契約の締結

- 媒介（代理）契約等の規制
- 価格等意見に対する根拠の明示義務
（34条の2、34条の3）

2.広告活動・物件紹介

- 誇大広告等の禁止（32条）
- 広告開始時期の制限（33条）
- 取引態様の明示義務（34条）

3.重要事項等の説明

- 重要事項の説明義務（35条）
- 供託所等に関する説明義務（35条の2）

4.不動産売買契約の締結

- 契約締結等の時期の制限（36条）
- 手付信用供与等による契約締結の誘引の禁止（47条3号）
- 契約にかかる書面の交付義務（37条）

報酬請求

- 報酬額の制限（46条）
- 不当に高額の報酬を要求する行為の禁止（47条2号）

5.契約内容の履行

- 不当な履行遅延の禁止（44条）

宅建業者が売主の場合
※業者間取引には不適用

①他人物売買の制限（33条の2）、②クーリング・オフ（37条の2）
③損害賠償額の予定等の制限（38条）、④手付の額の制限等（39条）
⑤担保責任についての特約の制限（40条）
⑥手付金等の保全（41条・41条の2）
⑦割賦販売の契約解除等の制限（42条）
⑧所有権留保等の禁止（43条）

※業務全般

- 守秘義務（45条・75条の3）
- 重要な事項の不告知等の禁止（47条1号）
- 契約締結等の不当な勧誘・威迫行為等の禁止（47条の2）
- 従業者証明書の携帯等（48条）
- 帳簿の備付け（49条）、　・標識の掲示等（50条）

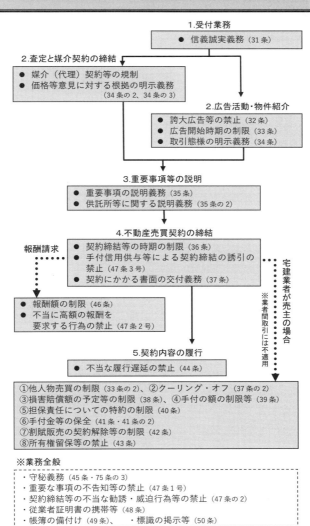

8　媒介業務とは

不動産取引における媒介業務とは、当事者の一方、または双方の依頼により、宅地や建物の売買などの契約の成立に向けて尽力することで、その業務は、①**物件の検索依頼に基づく媒介業務（これを「客付業務《きゃくづけぎょうむ》」といいます）**、②**所有する不動産の売却依頼に基づく媒介業務（これを「元付業務《もとづけぎょうむ》」といいます）**、③取引条件の交渉から条件が整ったお客様に対して重要事項説明を行い、その後、契約締結から残金決済および引渡しに至るまでの業務（これを「契約業務」といいます）、の3つに大きく区分することができます。

多くのお客様は不動産取引に不慣れであり、「何を、いつまでに、どうすればいいのか?」がわからず、不安を抱いてしまうものです。したがって、媒介業務全体の流れについてわかるようなイラストなどを使い事前に説明をしておけば、お客様も安心して取引に入ることができるようになるばかりか、営業担当者に対する信頼も得やすくなると思います。

なお、本書では、①客付業務、②元付業務、③契約業務、といった区分に従って、それぞれの業務内容についての解説を行っていきます。

媒介業務の主な流れ

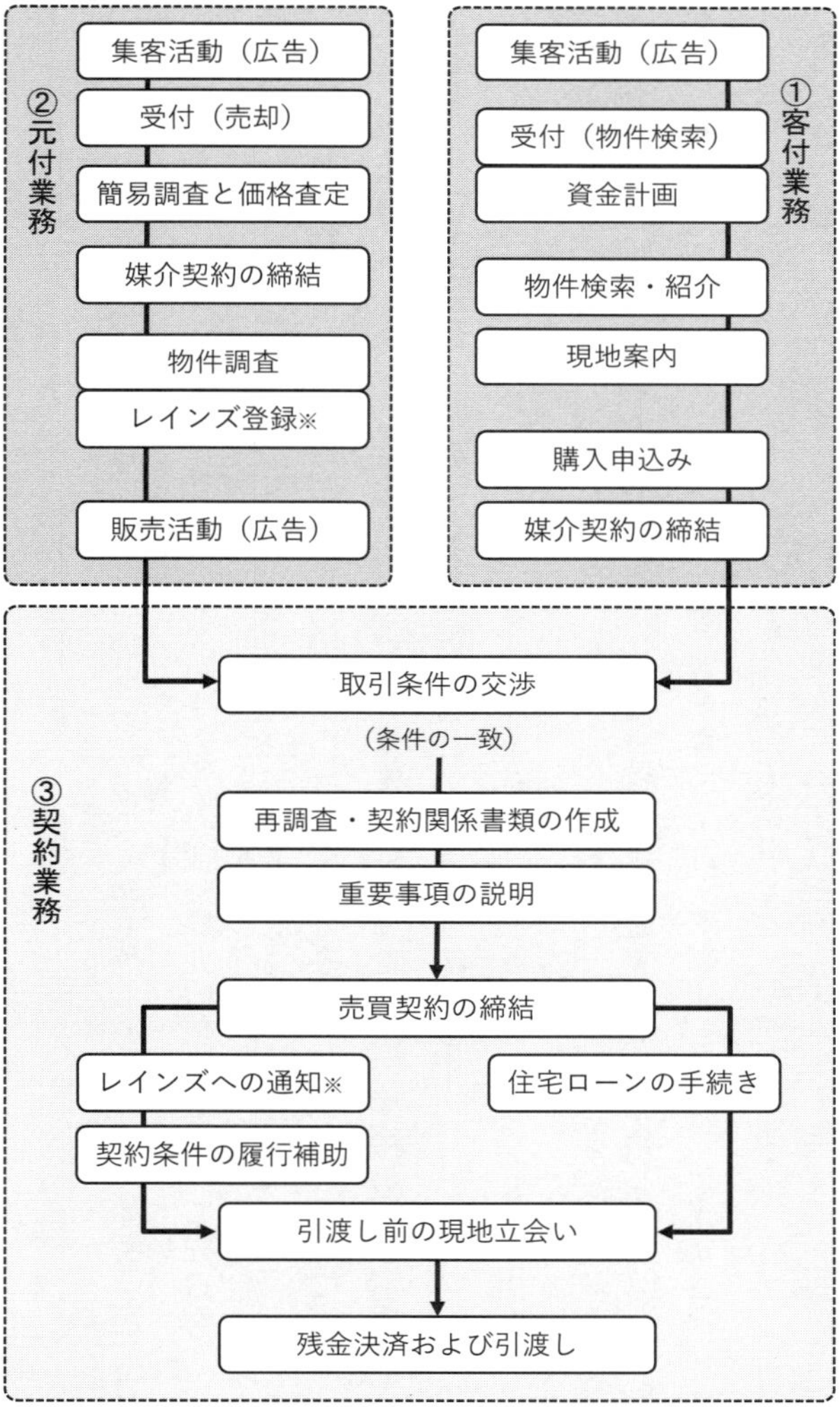

※　専任媒介契約または専属専任媒介契約を締結した場合

9 不動産取引のパターン

不動産取引は、①媒介として、Ⓐ両手、Ⓑ片手（分かれ）、②代理、③売主、に大きく分類できます。両手とは、1社の宅建業者が売主と買主の双方から媒介の依頼を受けて売買契約を成立させるもので、1社の宅建業者しか取引に介在しないことから単独仲介ともいわれています。片手（分かれ）とは、売買における当事者の一方からのみ媒介の依頼を受けて売買契約を成立させるもので、共同仲介ともいわれています。この場合、**客付業務を行う宅建業者を客付業者、元付業務を行う宅建業者を元付業者という**こともあります。

代理とは、依頼者との間で代理契約を交わした宅建業者が、依頼者に代わって取引の相手方との間で直接取引を行うものです。

売主とは、宅建業者が自ら所有する不動産を、直接お客様へ販売する取引を指します。なお、宅建業者が売主となる物件を、ほかの宅建業者（客付業者）が媒介して取引を成立させる場合もありますが、このときの売主を物元《ぶつもと》ということもあります。

なお、**「媒介」と「仲介」は同じ意味**ですが、契約などの法律行為のときは媒介、それ以外は仲介と使い分けているのが一般的です。

不動産取引のパターン

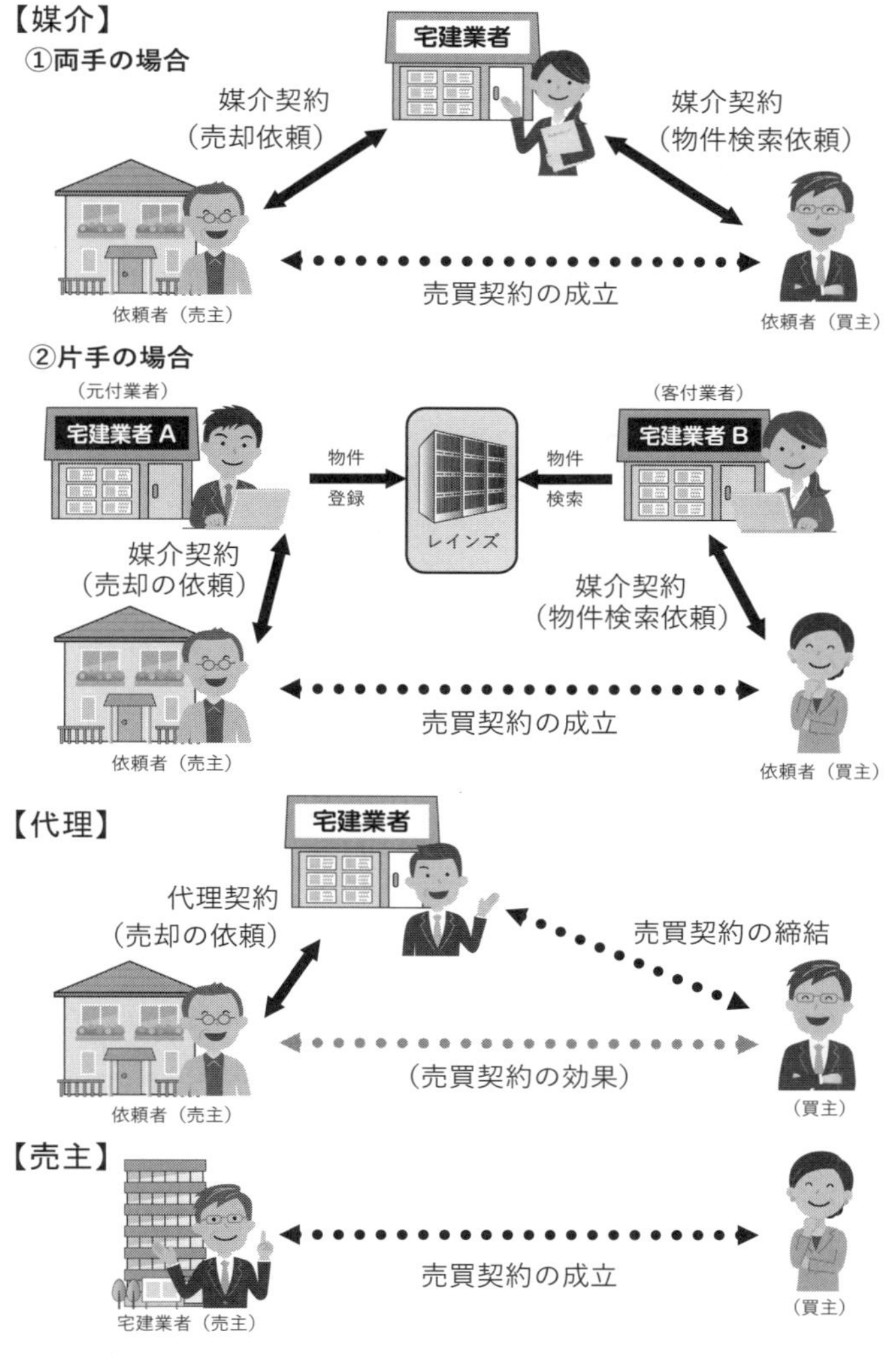
【媒介】
①両手の場合
宅建業者
媒介契約
（売却依頼）
媒介契約
（物件検索依頼）
売買契約の成立
依頼者（売主）
依頼者（買主）
②片手の場合
（元付業者）
宅建業者 A
（客付業者）
宅建業者 B
物件
登録
物件
検索
レインズ
媒介契約
（売却の依頼）
媒介契約
（物件検索依頼）
売買契約の成立
依頼者（売主）
依頼者（買主）
【代理】
宅建業者
代理契約
（売却の依頼）
売買契約の締結
（売買契約の効果）
依頼者（売主）
（買主）
【売主】
売買契約の成立
宅建業者（売主）
（買主）

10 報酬額の計算

宅建業者が媒介の依頼に基づく売買契約などを成立させたとき、その依頼者からは国土交通大臣の定める額を超えない範囲で報酬（通常は「仲介手数料」といいます）を受け取ることができます。**報酬の限度額は物件価格によって区分されており、それぞれの率を乗じて得た額の合計額**となっています（左ページ参照）。なお、交換の媒介において交換物件に価額差がある場合には、高い方の価額を基準に報酬額の上限を計算します。代理の場合は、依頼者の一方から受け取れる報酬の倍額を上限に受け取ることができます。

報酬をめぐるトラブルを防止するため、依頼者と宅建業者が協議をして制限の範囲内で報酬の額を定めるとともに、**依頼者と交わす媒介契約書に報酬額と支払時期を明記**します。

なお、媒介もしくは代理の依頼を受けたものの成約に至らなかった場合、原則として報酬と、それまでの業務にかかる費用などについて請求することはできません。また、実際に受領したかどうかにかかわらず、不当に高額な報酬の要求をする行為や、お客様からの好意であったとしても規定された限度額を超える報酬を受け取ることは禁止されています。

依頼者の一方から受け取れる報酬額の計算

売買代金の額など （消費税等相当額※ を含まない価格）	報酬の額 （消費税等相当額※ を含む）
① 200万円以下の部分	100分の5.5　（5.5%）
② 200万円超400万円以下の部分	100分の4.4　（4.4%）
③ 400万円超の部分	100分の3.3　（3.3%）

※「消費税等相当額」とは、消費税額および地方消費税額の合計額に相当する額です。

CHECK 報酬額の速算式

物件価格が400万円（税抜き）以上の場合、報酬額（税込み）は（物件価格×3%＋6万円）×1.1で計算できます。

例 価格1,000万円の物件を、複数の宅建業者が媒介して売買が成立した場合（片手）、各業者が受け取れる報酬の上限は？

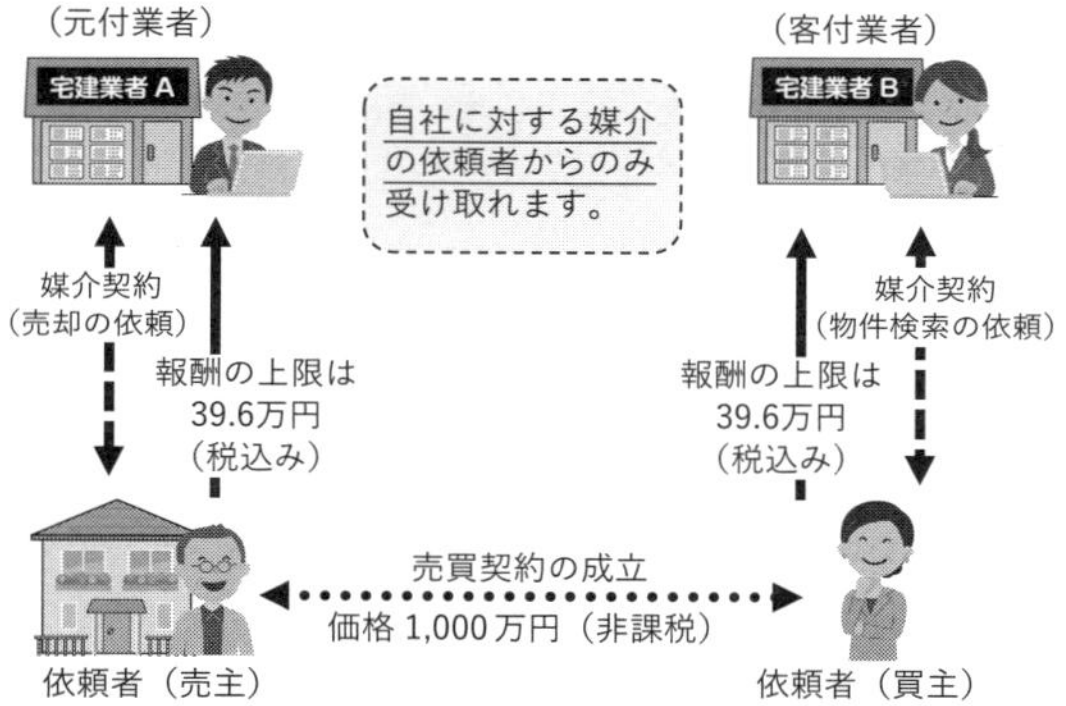

（1,000万円×3%＋6万円）×1.1＝39.6万円（税込み）

注）各宅建業者は「消費税の課税事業者」として計算しています。

売主と買主の双方から媒介の依頼を受けて売買契約が成立した場合（両手）、宅建業者は、売主と買主の両方から報酬を受け取ることができます。

売買代金と消費税の関係

消費税は、基準期間における課税売上高が 1,000 万円を超える事業者（これを「課税事業者」といいます）が行う課税取引に関して課税されます。

課税されるもの	課税されないもの
● **建物**の購入代金	● **土地**の購入代金
● 媒介報酬（仲介手数料）	● 住宅ローンの利息・保証料
● 住宅ローンの事務手数料	● 火災保険料
● 事務所・店舗等の家賃	● 地代・居住用建物の家賃

個人が売主となって自宅を売却する場合は、課税事業者による課税取引に該当しないため、建物の売買代金に対して消費税は課されません！
つまり、土地・建物ともに、代金は非課税となります。

例 宅建業者 A が売主である戸建住宅（価格 3,650 万円・税込み）の媒介をする宅建業者 B が、売主 A から受け取れる報酬の上限は？

…建物代金には消費税が含まれています。
建物本体価格：1,650 万円 ÷ 1.1 = 1,500 万円
消費税額：1,650 万円 − 1,500 万円 = 150 万円

…土地代金には消費税が含まれていません。

報酬計算の基となる売買代金の額は、建物本体価格と土地代金の合計額
➡ {(1,500 万円 + 2,000 万円) × 3% + 6 万円} × 1.1 = 122 万 1,000 円

価格が税込み表示された物件を仲介する場合、実務では、課税事業者である売主に対しては、物件に係る消費税額を問い合わせてください。

低廉《ていれん》な空家等にかかる報酬額の計算

課税事業者である宅建業者が**税抜き価格で 800 万円以下の宅地または建物**（その使用状態は問いません）の売買または交換の媒介をするとき、媒介に要する費用を勘案して、**30 万円の 1.1 倍を上限**に依頼者から報酬を受け取ることができます。

例　価格 600 万円（非課税）の物件の媒介（両手）をするときに受け取れる報酬の上限は？

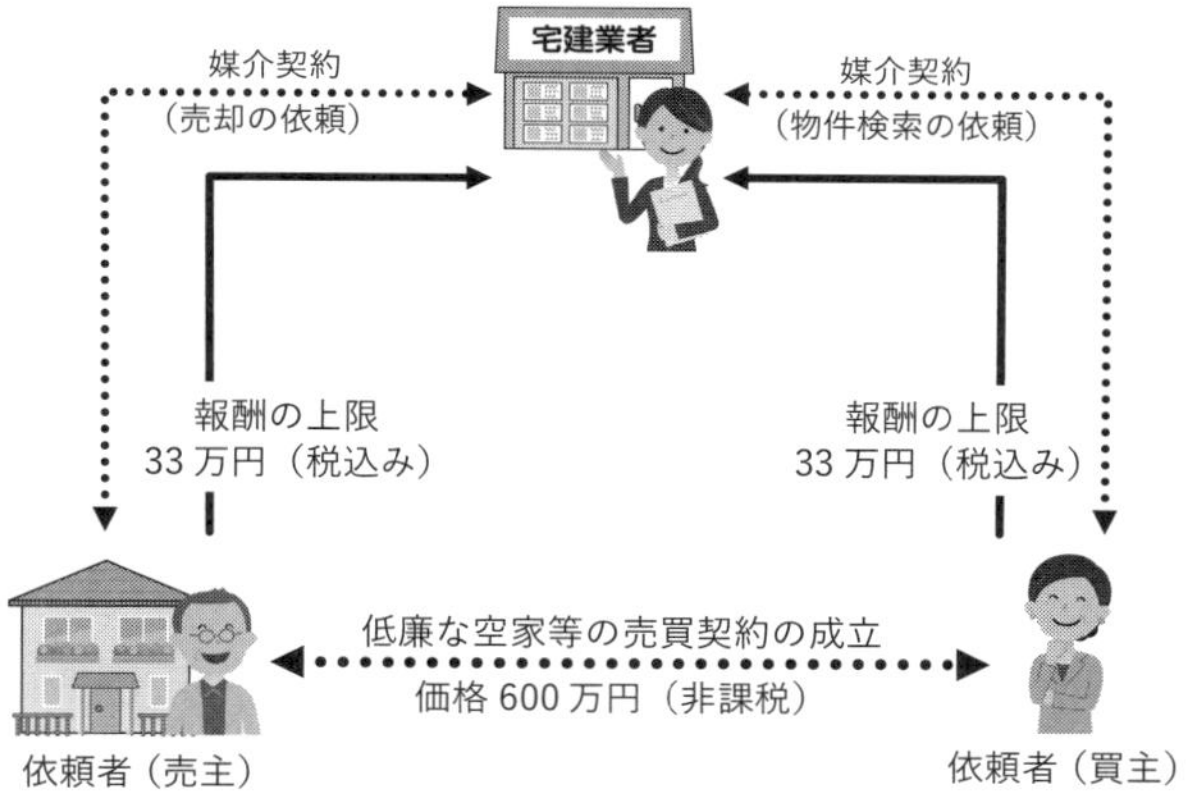

注）宅建業者は「消費税の課税事業者」として計算しています。

報酬額を通常の速算式で計算すると、
（600万円×3%＋6万円）×1.1＝26.4万円（税込み）
なので、「低廉な空家等にかかる報酬」として計算すれば
6万6,000円も多く報酬が受け取れます！

「低廉な空家等にかかる報酬」を受領しようとする場合は、あらかじめ依頼者に対して、報酬額についての説明をして合意を得なければなりません！

column 1

「あんこ業者」ってナニ？

売主と買主の双方とそれぞれに媒介契約を結んだ宅建業者の間に入って取引に参加する者を、「あんこ業者」とか「ブローカー」などと呼んだりしています。

不動産取引に携わりながら築き上げた豊富な人脈を武器に、いわゆる“口利き”でお仕事をしている方々ですね。

ここで問題となるのが、あんこ業者が受け取る報酬です。

報酬は媒介契約に基づいて受領できるものですし、そもそも宅建業法により報酬額の上限が定められていますので、取引に参加する業者が増えたからといって、その分、余計に多くの報酬を受け取るわけにはいかないのです。

そこで、このようなケースでは報酬を受け取る宅建業者から紹介料などの名目であんこ業者へ金銭を支払うのが一般的なのです。

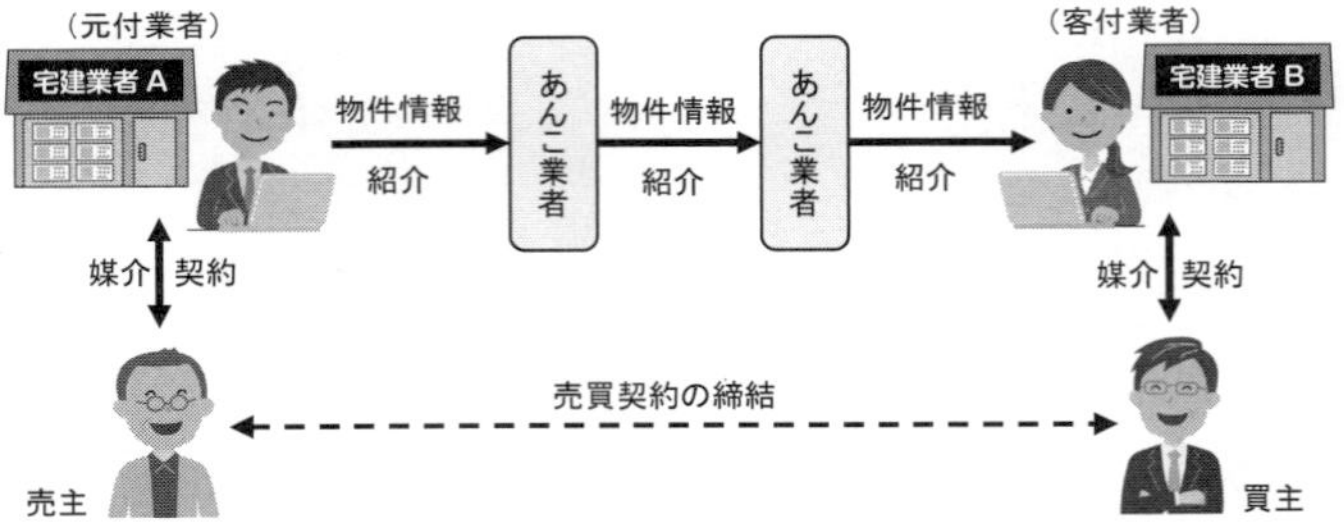

少し問題のある物件や比較的大規模な物件の取引となると、上図のように、複数のあんこ業者が参加する場合も珍しくないのですが、実は、あんこ業者が多くなればなるほど話の信ぴょう性が劣る傾向にありますので、安易に話に乗ってしまうと思わぬ損害を被ってしまうこともあるのです。「うまい話には……」という感じです。

そこで、あんこ業者から客付業者へ物件情報がもたらされると、話を持ってきた者に対して、「先はいくつあるの？」などと尋ねて、真偽のほどをはかったりします。

第2章

物件検索依頼に基づく業務（客付業務）

第1節　広告を使った集客活動

1　不動産広告の種類と特徴

客付業務は、住宅の購入を検討しているお客様を募集するために物件情報を発信することから始まります。こうした**集客活動を行う上で必要な手段となるのが「不動産広告」**です。

この不動産広告にはさまざまな種類があります。

例えば、従来からある広告媒体としては、新聞紙面に掲載する「新聞広告」や新聞などに折り込まれる「折込チラシ」、各住戸のポストに直接投函される「宅配チラシ」、住宅情報専門誌などへの掲載がありますが、近年ではインターネットを使った「ウェブ広告」がパソコンやスマートフォンなどを通して幅広く活用されるようになっています。

このようにさまざまな広告媒体がありますが、いずれの場合も、宅建業法などで定める不動産広告に関するさまざまな規制を守りながら、お客様に興味を持ってもらうための広告を作り、効果的な配布または発信をしていくという原則に変わりはありません。

それぞれの広告媒体が持つ特徴を十分に認識した上で上手に使い分けると共に、常に費用対効果を検証することが、広告効果を高められるポイントといえるでしょう。

ⓐ 新聞広告

新聞広告は、その新聞の購読者層を対象に、ある程度広域なお客様へ情報発信ができる広告媒体です。新聞広告の特徴は、その新聞自体の社会的な信用性がそのまま広告の信頼性にも影響してくるといった点です。新築分譲マンションや大規模な開発分譲地など、ある程度長期的な期間にわたり販売を強いられる物件の広告や、富裕層を対象とするような高額物件や投資用物件の広告などに向いた広告媒体といえるでしょう。

ⓑ 折込チラシ

折込チラシは原稿の作成から印刷、配布までを比較的手早く行えることと、希望するエリアをある程度絞り込み、その地域へ集中的に広告を配布することで特定地域からの反響を得ることが期待できる点が特徴の広告媒体です。さらに、新聞には購読者層にある程度の特徴があるものですから、それを考慮して新聞ごとの折込部数を調整すれば、配布地域だけでなく広告対象とする顧客層をもある程度絞り込むことが可能となります。

この広告媒体は、種類や価格帯を問わず、幅広い物件の広告に向いています。なお、現地販売会の広告に見られるような一つの紙面にひとつの物件だけを掲載したものを「単チラ」、コマ割をして複数の物件を掲載したものを「集合チラシ」などと呼んでいます。

(c) 宅配チラシ（ポスティング）

宅配チラシは安価で速効性に優れている点と、配布する地域やターゲット（顧客層）を細かく絞り込んで広告ができる点が特徴の広告媒体で、低価格帯の物件の広告に向いた広告媒体といえます。例えば、一次取得者（＝はじめて住宅を購入する人）でも十分に手が届くような低価格帯の物件であれば、物件周辺にあり、かつ、月々均等払いとする住宅ローン返済額と同程度の家賃負担と思われる賃貸アパートなどへ集中的に宅配することで効率良く反響を集められるでしょう。

また、宅配チラシのポスティングを営業担当者自身で行えば、自分が営業活動する地域の状況を把握することにも大きく役立ちます。ただし、分譲マンションなどではポスティングのため無断で建物内へ入ることを禁じている場合がほとんどですから、必ず管理人などの許可を得た上で配布するようにしましょう。

(d) 住宅情報誌

住宅情報誌は、新聞折込チラシ以上に広域なお客様に対して情報発信ができる広告媒体で、ある程度長期的な期間にわたり販売を強いられるような物件の広告に向いています。現在では駅などで無料配布されているものが主流となっています。

こうした情報誌は物件の情報量が豊富なだけでなく、一次取得者などが知りたいと思われる不動産取引全般の情報（土地や建物の探し方、住宅ローンの借り方・返し方、税金など）についても特集記事を組んで情報発信している場合が多く、単なる物件情報の収集ツール以上の役割を持っているのが特徴です。

一方で、情報誌は宅建業者が出版社に物件情報を提供してからお客様の手に届くまで相当期間を要するため、最新情報の手早い発信には向いていない広告媒体といえます。

ⓔ インターネット広告

インターネット広告は、会社のホームページや不動産ポータルサイトへ物件を登録することにより情報発信を行う広告媒体です。近年、お客様の情報取得手段としての重要性が高まっている広告媒体で、種類や価格帯を問わず、幅広い物件の広告に向いています。インターネット広告の最大の特徴は、多くの情報が発信できるとともに掲載された物件情報の更新が容易に行える点と、Ｅメールによりお客様からの反響が得やすいという点です。

また、インターネットは通信環境さえ整っていれば、どこにいても物件情報を見ることができますから、紙による広告と異なり、時間や地域を選ばずに広告宣伝活動ができるという点も魅力的です。

⒡ ダイレクトメール（DM）

ダイレクトメールは、ある特定の顧客層に絞り込んで情報発信を行う広告媒体です。代表的なものとしては、インターネット上にあるホームページから会員登録を募り、その会員向けにダイレクトメールを郵送（送信）するといったものがあります。

こうして集められた会員は、住宅の購入を具体的に検討している人が中心となり、その希望条件なども明確になっている場合が多いため、不特定多数の人を対象とした広告活動に比べて成約に至る可能性が高い傾向にあります。特に、根強いファンのいる特定のブランド物件の販売などには向いている広告手段といえます。

⒢ 看板広告

看板広告は、売出し中の物件そのものや、駅、道路など人通りのある場所へ設置することによって情報発信を行う広告媒体です。看板広告の特徴は、長期的な告知を希望する場合や現地販売などでお客様を物件まで誘導したい場合などに効果的な点です。

ただし、電柱などへの、いわゆる「捨て看板」の設置は、屋外広告物法や道路交通法などに違反するものとなりますので、絶対に行ってはいけません。

不動産広告の種類と特徴

広告媒体	特　徴	
新聞広告	広告エリア 情報の速さ コスト	★★★★☆ ★★☆☆☆ ★☆☆☆☆
折込チラシ	広告エリア 情報の速さ コスト	★★★☆☆ ★★★☆☆ ★★☆☆☆
宅配チラシ	広告エリア 情報の速さ コスト	★★☆☆☆ ★★★★☆ ★★★★☆
住宅情報誌	広告エリア 情報の速さ コスト	★★★★☆ ★☆☆☆☆ ★★☆☆☆
インターネット広告	広告エリア 情報の速さ コスト	★★★★★ ★★★★★ ★★★★★
ダイレクトメール	広告エリア 情報の速さ コスト	★☆☆☆☆ ★★★☆☆ ★★★☆☆
看板広告	広告エリア 情報の速さ コスト	★★☆☆☆ ★★★★☆ ★★★★☆

《凡例》

広告エリア	★★★★★・・・広い
情報の速さ	★★★★★・・・早い
コスト	★★★★★・・・安い

（★は相対評価です）

2　広告への物件掲載には承諾が必要

広告に掲載する物件は、①自社で媒介契約を締結しているもの、②他社で媒介契約を締結しているもの、③ほかの宅建業者が売主であるもの、の3つに分類されます。

自社で媒介契約を締結している物件であれば、所有者へ直接、広告掲載の承諾を得ることになりますが、**他社で媒介契約をしている物件**や、**ほかの宅建業者が売主となっている物件**について自社の広告へ物件情報を掲載しようとするならば、どのような広告媒体に掲載を希望しているのかを伝えた上で、**必ずその元付業者あるいは売主（物元）に、広告掲載の承諾を事前に得ておく必要があります。**

この掲載承諾は、口頭で行う場合と書面を取り交わす場合がありますが、もしも口頭で行う場合には、後日のトラブルを防止するためにも確認をした相手方の氏名などを控えておくと良いでしょう。

なお、指定流通機構が導入している情報ネットワークシステム「レインズ」（「**第4節　物件検索と紹介時のポイント　1　レインズからの物件検索と紹介**」を参照してください）に登録されている物件情報についても同様に扱う必要があります。

業界用語「先物《さきもの》」とは?

Q 他社の広告に掲載されている物件について客付したい旨の問い合わせをしたところ、「先物です」と言われました。「先物」とは、どのような意味なのですか？

A A社が媒介契約を結んだ物件を、B社が広告に掲載している場合、その広告物件のことを「先物」と呼びます。もし、下図のように、C社がB社の広告物件（＝先物）へ客付しようとしても、B社から「先物です」と言われて断られます。

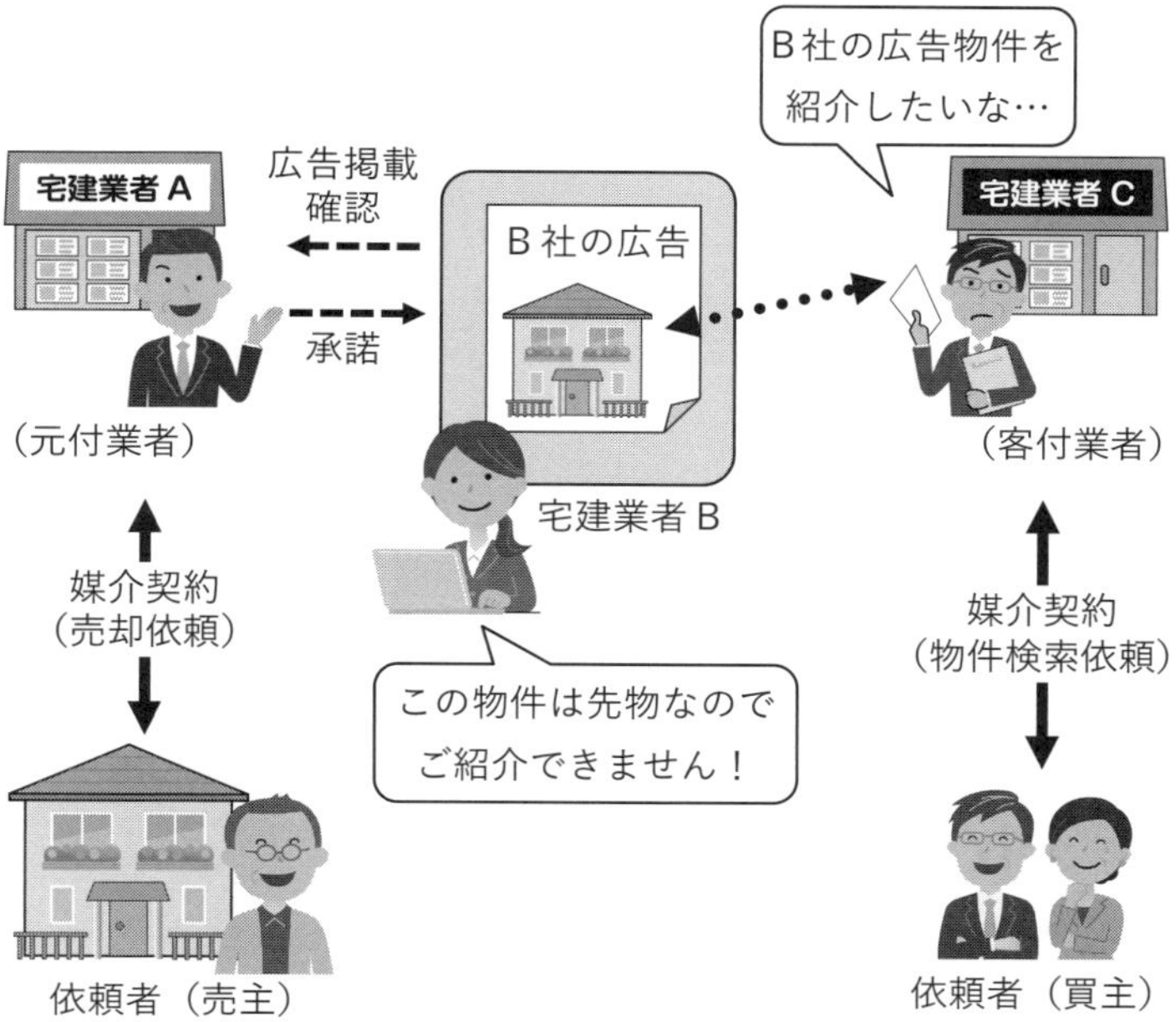

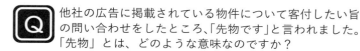

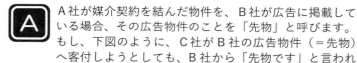

3　不動産広告を作成するときのルール

宅建業者には、媒介物件や自社の販売物件などの不動産広告を行うとき、お客様の保護と取引の透明性を確保する観点から、その広告媒体の種類や方法を問わず、宅建業法や不当景品類及び不当表示防止法（以下「景品表示法」といいます）などに定められた一定のルールを守りながら、訴求効果の高い不動産広告を行うことが求められます。

ⓐ　宅建業法

①誇大広告の禁止

宅建業者は、一定項目について著しく事実に相違する表示をしたり、実際のものよりも著しく優良であり、もしくは有利であると誤認させるような表示をした広告をしてはいけません。また、お客様を誘引する目的で実際に存在しない物件を紹介したり、取引の対象となり得ない物件や売る意思のない物件を紹介したりすることは「おとり広告」と言われ、著しく事実と相違する表現として誇大広告に該当することから広告行為が禁止されています。

②広告開始時期の制限

宅建業者は、宅地の造成または建物の建築に関する工事の完了前において、これらの工事に関する開発行為などの規制に関する許可や、建築確認申請に基づく確認があった後でなければ、その広告をしてはいけません。

③取引態様の明示義務

宅建業者が自ら売主となって取引を成立させるのか、代理人として成立させるのか、媒介として成立させるのかの別を広告の都度に明示しなければなりません。

(b)　景品表示法

景品表示法では、一般消費者が安心して商品やサービスを選ぶことができる環境をつくるため、事業者による不当な景品類および表示による顧客の誘引を禁止しています。

そして、この法律に基づき公正取引委員会の認定を受けた不動産業界の自主的規制として「不動産の表示に関する公正競争規約（以下「表示規約」といいます）」、「不動産業における景品類の提供に関する公正競争規約」があります。

不動産広告の不当な表示例

下図の不動産広告には、表示規約などに違反する表示が含まれています。

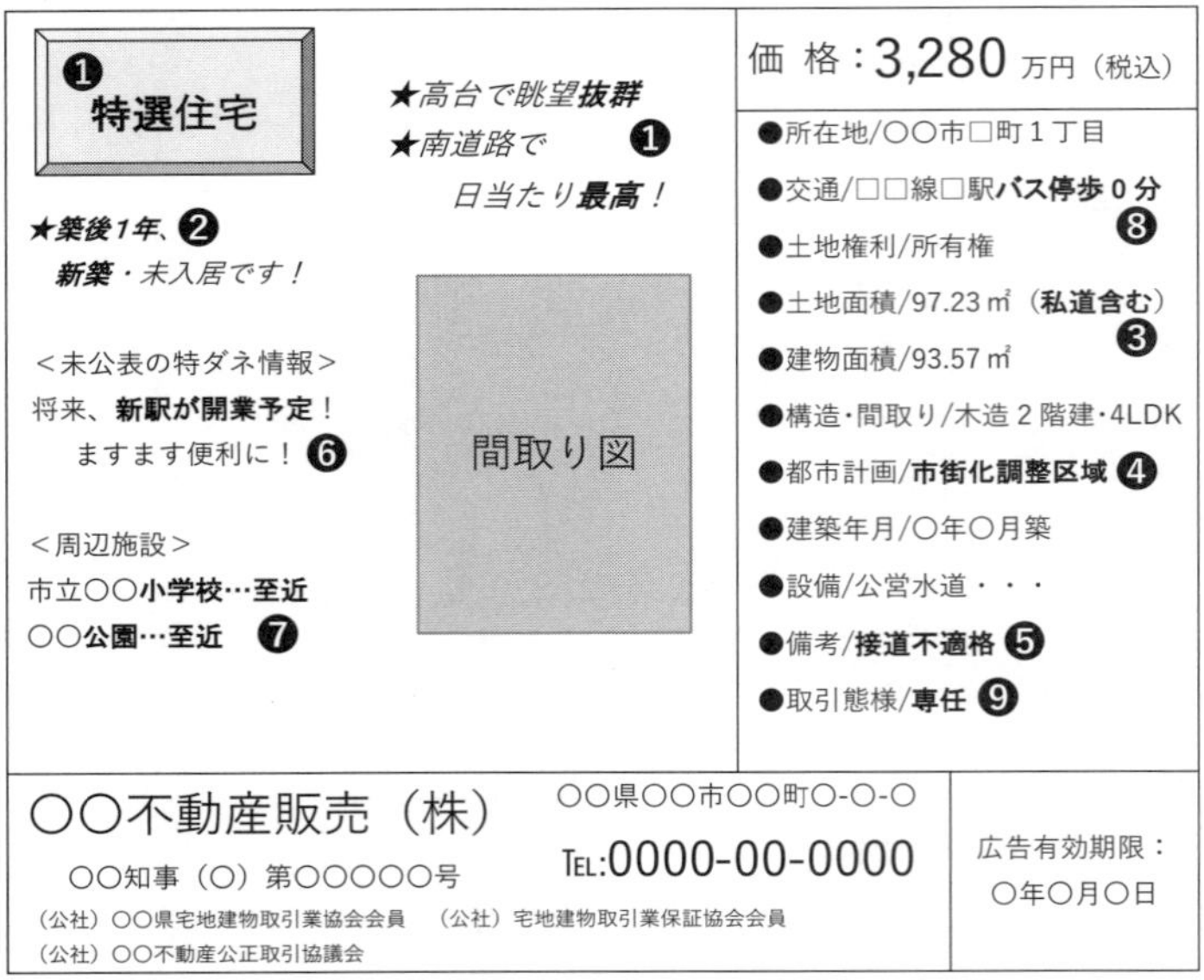

注：図中の「太字」が、表示規約などに違反する部分です。詳しくは左ページに違反内容についての解説があります。

<table>
<tr><td rowspan="2" colspan="2">特定用語の使用基準</td><td>❶</td><td>「特選」、「抜群」、「最高」など、表示内容を裏付ける合理的な根拠を示す資料を現に有している場合を除き、これらの用語を使用してはならない。</td></tr>
<tr><td>❷</td><td>「新築」とは、建築工事完了後１年未満であって、居住の用に供されたことがないものをいう。</td></tr>
<tr><td colspan="2">必要な表示事項</td><td>❸</td><td>土地面積と私道負担面積は、明確に分けて表示すること。
※建物の面積は延べ面積を表示し、これに車庫、地下室等の面積を含むときは、その旨およびその面積を表示すること。</td></tr>
<tr><td rowspan="2" colspan="2">特定事項の明示義務</td><td>❹</td><td>市街化調整区域に所在する土地については、原則として「市街化調整区域。宅地の造成および建物の建築はできません。」と明示すること（新聞折込チラシ等およびパンフレット等の場合には 16 ポイント以上の大きさの文字を用いること）。</td></tr>
<tr><td>❺</td><td>建築基準法 42 条に規定する道路に２m以上接していない土地については、原則として「再建築不可」または「建築不可」と明示すること。</td></tr>
<tr><td rowspan="5">表示基準</td><td colspan="2">❻交通の利便性</td><td>新設予定の駅等またはバスの停留所は、当該路線の運行主体が公表したものに限り、その新設予定時期を明示して表示することができる。</td></tr>
<tr><td colspan="2">❼生活関連施設</td><td>学校、病院、官公署、公園その他の公共・公益施設については、現に利用できるものを表示し、物件までの道路距離または徒歩所要時間を明示して、施設の名称を表示すること。</td></tr>
<tr><td rowspan="2">❽</td><td>交通の利便性</td><td>鉄道等の最寄駅等からバスを利用するときは、最寄駅等の名称、物件から最寄りのバスの停留所までの徒歩所要時間、同停留所から最寄駅等までのバス所要時間を明示して表示すること。</td></tr>
<tr><td>所要時間</td><td>徒歩による所要時間は、道路距離 80ｍにつき１分間を要するものとして算出した数値を表示すること。この場合において、１分未満の端数が生じたときは、１分として算出すること。</td></tr>
<tr><td colspan="2">❾取引態様</td><td>取引態様は、「売主」、「貸主」、「代理」または「媒介（仲介）」の別をこれらの用語を用いて表示すること。</td></tr>
</table>

（2022 年９月１日改正）

4 不動産広告による効果的な集客への工夫

不動産広告による集客効果を高めるためには、若者世帯向けなのか、シニア世帯向けなのかなど、**広告のターゲットを明確にする**ことや、抽象的なキャッチコピーよりも**具体的でわかりやすい表現を用いる**こと、「気になった方は今すぐ資料請求を！」などといった、**次の行動を促すメッセージを入れておく**などの工夫を凝らすとともに、毎回、広告効果の検証を行うことが肝心です。そして、広告に掲載される物件写真などは、文字と違って、視覚的に物件の魅力をアピールできるものですから、**鮮明で見栄えの良い写真を数多く掲載しておく**ことも大切です。

他には、ここ数年、物件の品質に関する情報（省エネ性能・耐震性能等）への関心が高まっている傾向にあることから、関連情報を積極的に発信することも、問い合わせ件数を増やすことに役立つでしょう。

なお、近年では、年代を問わず、家探しをしている人の多くがインターネットを使って物件情報の収集を行っていることから、会社のホームページに物件を紹介する動画を掲載しておくことも、効果的な集客に役立つと思います。

省エネ性能表示制度がスタート

「2050年カーボンニュートラル」（既存ストックを含めた全体平均で、ZEH・ZEB水準の省エネ性能を確保）の実現に向け、2024年から省エネ性能ラベルの表示が始まりました。

●新築建築物の場合

2024年4月1日以降に確認申請を行う新築建築物の販売事業者(売主)は「省エネ性能ラベル」を広告に表示する必要があります（努力義務）。

※　上記物件を再販売する場合も同様です。

住宅（住戸）版
「省エネ性能ラベル」の例

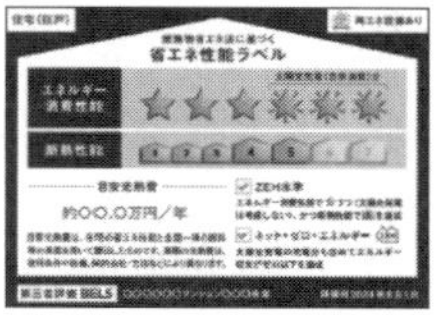

※　国土交通省住宅局住より

≪省エネ性能情報の伝達イメージ≫

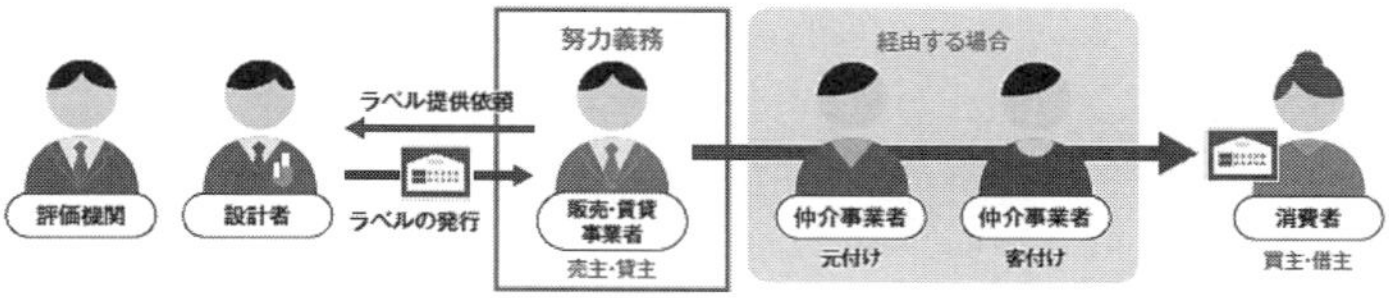

※　国土交通省住宅局住より

●既存住宅の場合

2024年3月31日以前に確認申請を行った既存住宅であり、窓・給湯器のどちらか1つ以上で所定の要件を満たす場合、販売事業者(売主)は「省エネ部位ラベル」を広告に表示することができます。

※　住宅全体の省エネ性能が把握できる場合は、省エネ性能ラベルの表示が推奨されます。

「省エネ部位ラベル」の例

※　国土交通省住宅局住より

売買の仲介をする宅建業者は、売主から「省エネ情報」と「ラベル」の伝達を受け、広告に掲載するなどの役割を担うことになります。

第2節　受付業務とお客様対応の基本

1　受付業務とその目的

受付業務は、購入に向けた相談もしくは物件検索の依頼を受け付ける業務で、今後の媒介業務を行う上での重要な情報を収集することが目的となります。

したがって、お客様の個人情報や依頼内容を聞き漏らさず正確に収集するため、氏名・住所や勤務先・年収、物件の希望条件など、**質問すべき項目があらかじめ記載された「お客様カード」などを用意して積極的に活用するとよいでしょう。**

受付時に聞き取る情報は今後の営業活動に大きな影響を及ぼすことになるため、少しでも多く、正確にお客様情報を入手したいものですが、必ずしも営業担当者が思うとおりに情報収集ができるとは限りません。例えば、勤務先や年収、預貯金といった情報は重要度の高い情報ですから早い段階でヒアリングをしておきたいのですが、ベテランの営業担当者でも初対面のお客様から聞き出すことは難しいものなのです。

実務では、お客様と何度かコミュニケーションをとる中で信頼関係を築きながら、少しずつ情報を得ていくようにするとよいでしょう。

受付業務の主な流れ

お客様カードを使って基本情報を確認する

① お客様の基本情報
（氏名・住所・連絡先・年齢・家族構成
現在の居住形態・勤務先・勤続年数
年収など）
② 購入理由（動機・目的）　特に重要！
③ 希望する物件の諸条件
（物件種別・予算・希望沿線・希望地域
面積・間取りなど）
④ 購入予算と資金計画の概要
（自己資金の額と借入希望額など）
⑤ 入居時期など、その他の諸条件
⑥ その他、相談事項

↓

購入に至るまでの流れを説明する

↓

すぐに紹介できる物件がないかどうか確認する

↓

今後の連絡方法を確認してから、
次回の面談日時を約束する

お客様へのヒアリングでは質問攻めにならないよう注意し、雑談を交えながら場の雰囲気を和らげる気配りをすることがポイントです。

2 受付業務で心がけること

多くのお客様は不動産売買の取引に不慣れであるため、取引全般から売買価格の妥当性、住宅ローン選び、税金問題など、さまざまな不安や疑問を抱えてしまうものです。

そのため、受付業務においてお客様から不安や疑問に関する相談もしくは質問を受けることは決して珍しいことではありません。

このようなお客様の相談や質問に対して、宅建業者には専門家としての的確な対応が求められます。その際、当然のことではありますが、間違った情報や勝手な憶測、安易な判断で物事を言わないなど細心の注意を払うことが大切です。

また、不動産購入を検討しているお客様には、その目的（動機）があるものですから、営業担当者は、**お客様の購入動機や購入する不動産の利用目的などについて十分な聞き取りを行い、お客様の置かれた状況を正しく把握することが取引の安全を確保する上で重要**となります。

実務では、受付をするとき、単に物件の希望条件のみを確認するのではなく、「なぜ、家探しをされているのか?」「今の暮らし（住まい）のどこに不満があるのか?」といった基本的な質問を必ず行うようにしましょう。

受付時に必要な会話力

（1）　お客様に興味を示す

受付時、お客様に多く話してもらうには、こちらがお客様の話に興味を示すことがポイントです。

また、こちらが話したいことをすべて話すと相手が不機嫌になることもあるので、自分の話は３割程度に抑えましょう。

（2）　世間話から情報を得る

例えば、家族の中で誰が住宅購入に向けた主導権を握っているのかを知りたい場合、直接的に聞くわけにはいきませんが、「休日の過ごし方」などといった話題（雑談）から分かることもあります。

（3）　オープンクエスチョンを活用する

相手の気分を害さないよう質問数を抑えながら、しっかりと情報を聞き出すには、「はい」「いいえ」で答えられる「クローズクエスチョン」ではなく、相手が自由に答えられる「オープンクエスチョン」を活用すると効果的です。

（4）　否定ではなく「不同意」

相手の気分を害さないようにしながら異なる意見を伝えるには、相手を「否定」するのではなく、相手に「同意していない」ことを伝えると効果的です。

例えば、「そういう考え方もありますね」、「そういうのもありますね」などといったフレーズ（言い方）を使うといいでしょう。

お客様が住み替えようと思った理由（動機・目的）を探るには、今の住まい（暮らし）への不満などをしっかりとヒアリングすることがポイントです！

3　受付したお客様をグループ分けしよう

顧客満足度を高めるために意識すべきこととして、「お客様が欲している情報を先回りして届ける」ということが大切なのですが、お客様が知りたいと思っている情報は、お客様の置かれている状況によって個々に異なるため、画一的な情報提供では多様化するお客様の要望に応えられないでしょう。また、お客様が知りたいと思っているときに情報を届けなければ、どんなに有益な情報であっても単なる雑音となってしまうものです。

例えば、住まい探しを始めたばかりのお客様は、「どのような物件がいくらくらいの価格で販売中なのか？」といったことに興味を持たれますが、ある程度、物件を見てきたお客様は、物件以外の周辺環境などに興味の範囲が広がっていく傾向にあります。つまり、**お客様の情報に対するニーズは、どんどん変化していく**ものなのです。

そこで、営業担当者としては、お客様が置かれている現在の状況を把握した上でグループ分けを行い、各グループの**お客様にマッチした情報の提供と、その方法を工夫**したほうがよいでしょう。

グループ別のフォロー営業を実施しましょう！

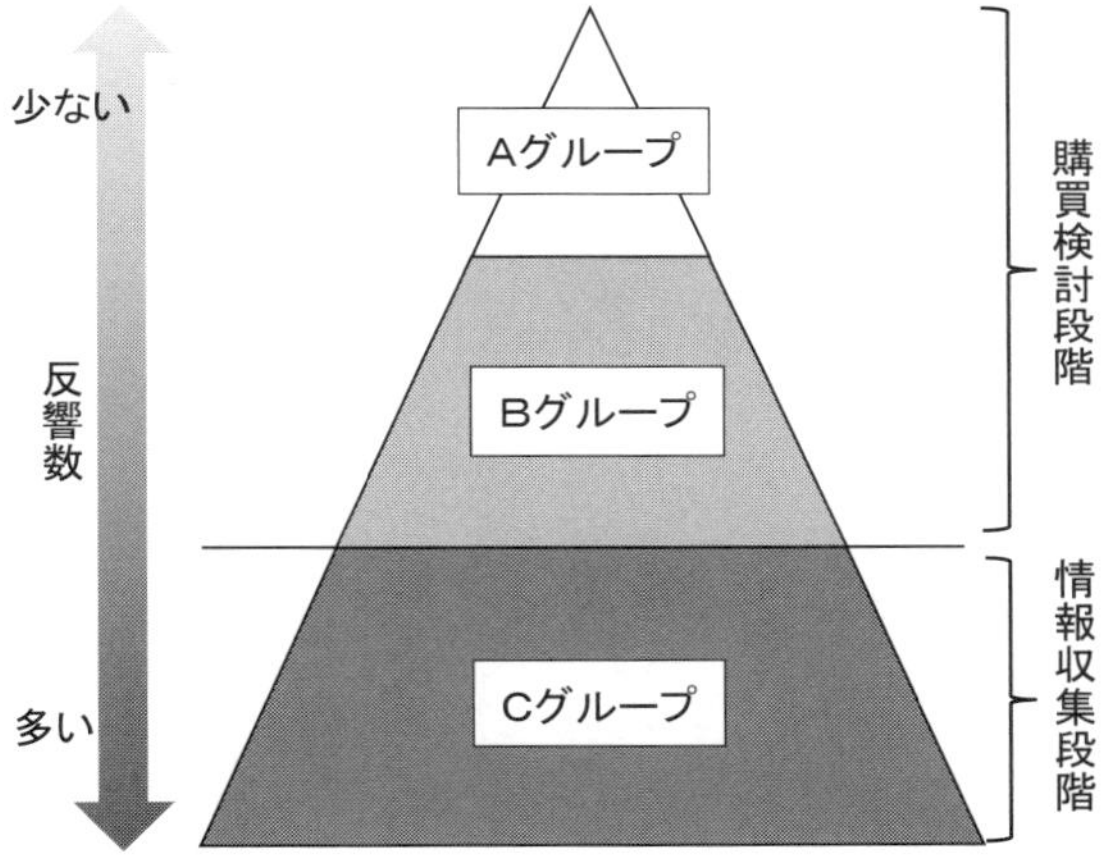

A グループ	条件が相当に絞り込まれており、近々に契約できる状態にあります。 ※　決断の妨げになっているものを把握することが営業のポイント。
B グループ	住替え意欲はあるが、条件などの整理ができていない状態にあります。 ※　希望条件を整理して優先順位を付けてもらうことが営業のポイント。
C グループ	潜在的な住替えニーズを持つ顧客予備軍です。 ※　住替えに向けた“動機づけ”に重点を置いた情報提供が営業のポイント。

お客様の状況に合わせて、個別にフォロー営業の戦略を立てることが大切です！

4 お客様対応の基本

⒜ 電話対応マナーの基本

電話は相手の表情がうかがえず、声だけが頼りのコミュニケーション手段ですから、お客様からの電話に対応する場合には、十分な気遣いや配慮が必要です。例えば、話し方や聴き方によって容易に相手を好意的にしたり、逆に怒らせたりしてしまう場合があることを十分に認識しておきましょう。

また、**通話相手には姿の見えないコミュニケーションですが、こちらの姿が見えているものとして対応することが大切**です。例えば、通話内容と関係のないパソコン画面や書類などを見ながら話しをするといった「ながら電話」は、聞き逃しの原因になるだけでなく、通話相手に悪い印象を与えてしまうものなのです。

なお、スムーズな電話対応を実践するため、受話器は利き手でないほうで取ることを習慣づけ、メモ用紙を電話のそばに備えておくことが大切です。お客様との対応に不慣れな場合は、突然の電話でも落ち着いて対応ができるよう、話すべきことや質問すべきことなどを箇条書きにしたメモ用フォーマットを作っておくとよいかもしれません。

電話対応マナーの基本

● 電話を受けるときのポイント

(1) 呼び出し音が鳴ったら、３コール以内に出ましょう。
(2) 誰宛の電話なのかを確認します。
(3) 相づちを適度に打ち、「聞いている」ことをお客様に伝えることが大切です。
(4) 用件を必ずメモしましょう（受話器は必ず利き手でないほうで取る癖をつける）。
(5) 自分では対応しきれない場合、その旨を伝え、担当者が代わることの了承を得ましょう。
(6) 不在者宛の電話では、自分が承った旨と帰社時間を伝え、こちらから連絡する旨を伝えます（出先については聞かれても答えない）。
(7) 自分の会社の社員には敬称をつけません。

● 電話をかけるときのポイント

(1) お客様の忙しそうな時間は避け、相手が出たら必ず都合（今、話す時間があるかどうか）を確認しましょう。
(2) 自分から先に名乗り、電話に出た相手が誰なのか（お客様本人か）を確認してから要件に入りましょう。
(3) 電話をする前に、伝えるべき要件を箇条書きにまとめておくと良いでしょう。
(4) お客様が不在の場合には、帰宅時間などを確認し、再度電話する旨を伝えましょう。

電話応対でメモを作るときは、① 6W3H で箇条書きにすること、②復唱して相手に内容を確認すること、がポイントです！

(b) Eメール対応マナーの基本

インターネットの普及により、ホームページなどからEメールで問い合わせをしてくるお客様も多くいます。相手が見えないコミュニケーション手段といった意味では電話と同じですが、相手の雰囲気（感情など）がつかめないため、より注意が必要です。

例えば、**Eメールで問い合わせを受けたお客様に対してはじめて連絡をするときは、Eメールが基本**です。いきなり電話をすると、相手への印象が悪くなるのでやめましょう。

また、お客様が利用しているメールソフトの環境はわかりませんから、文字化けを防ぐため、なるべく「テキスト形式」にて送信するなどの配慮も必要です。文中に使用する記号（「㎡」や「①」といった囲み文字）なども、一部のメールソフトでは文字化けする可能性がありますので使用は避けるべきです（「㎡」→「m2」または「平方メートル」、「①」→「(1)」といった表示を心がけましょう）。

写真などの画像やPDFファイルをEメールに添付する場合は、お客様がどのような環境（パソコン、タブレット、スマホなど）でEメールを読むのかわからないので、ファイルのサイズを調整（圧縮）してから添付するようにしましょう。

Eメール対応マナーの基本

① 宛名はなるべくフルネームで正確に書く
② 短い挨拶の後、自分を名乗る
③ 文章は要点をまとめ、短く、簡潔に書く（結論を先に書く）
④ 字数・行間を考慮する
⑤ 添付ファイルの容量や文字化けに注意する
⑥ 敬語を多用した丁寧すぎる文章にしない
⑦ 適切な件名を付ける
⑧ 署名（連絡先）を必ず付ける

《文字化けする可能性がある文字の例》

可能性あり	ｱｲｳｴｵｶｷｸｹｺ などの半角カタカナ文字 №、℡、㈱、㈲、㎡、㎜、㎝、㎞ などの略字 ①②③④⑤ などの囲み文字
可能性なし	○□△☆●■▼★◎〒 （）【】［］『』｛｝《》〈〉 ＠※＝％￥＃＄＆～→↓⇒

《デジタル写真の画素数とファイルサイズの目安》

1280万画素	約4.6ＭＢ	600万画素	約3.0ＭＢ
800万画素	約3.6ＭＢ	300万画素	約1.7ＭＢ

デジタルカメラで撮影された画像などのJPEG形式ファイルは、Zip形式の圧縮フォルダーに入れても、ほとんどサイズが変わりませんので、あらかじめ画像などのファイルサイズを調整してからフォルダーに入れるようにしましょう。

添付ファイルは2MB以下が理想です。メールを受信するお客様が不快に感じないよう、最大でも3MB未満になるよう調整しましょう。

5 お客様の印象に残るEメールの書き方

お客様へ送るEメールはビジネスメールですから、節度ある表現（絵文字などは使わない）を心がけることが大切なのですが、あまりにも硬い文章であったり、要件のみを伝える簡素なものであったりしては、お客様に好印象を持ってもらえないばかりか返信も期待できません。お客様の印象に残るEメールを送るには、さまざまな工夫が考えられますが、少なくとも、**お客様が読みやすいと感じる文章とレイアウトを心がける**ようにしましょう。

例えば、文章全体のレイアウトとしては読みやすい印象を与えるため、①1行あたり30～40文字を目安に改行する、②3～4行程度でスペースを空ける、③記号や区切り線を使う、などを心がけて作成すると良いでしょう。また、お客様が理解しやすいよう短い文章にすることを心がけ、主語と述語を離れすぎないようにすることなどもポイントです。

仕事上でお客様に送るEメールは、その内容から、どうしても無味乾燥になる傾向があります。そこで、「一言メッセージ」を添えて、文章全体の印象を温かみのあるものにしてみるのもいいでしょう。お客様の印象に残るEメールを意識しながら、早期に次のステップ（電話あるいは面談）へお客様との関係が発展するような営業を心がけましょう。

資料請求へのメール返信例

物件名などを入れた具体的な件名にしましょう。

件名	「△△マンション」資料のご送付です。【〇〇不動産】

読みやすくするために、
①1行30〜40文字を目安に改行
②3〜4行程度でスペースを空ける
③記号や区切り線を使う
など、レイアウトを工夫しましょう。

〇〇 〇〇様

難しい読み方をするときはふりがなを！

はじめまして。
株式会社〇〇不動産の〇〇（ふりがな）と申します。

この度は、弊社がご紹介する物件にお問い合わせをいただきまして、
誠にありがとうございます。

問い合わせのあった物件を本文中で確認しておくのは基本です。

==《お問合せいただいた物件》=====================================
物件名：△△マンション　〇〇〇号室
価　格：3，980万円
所在地：×××
専有面積：〇〇平方メートル、間取り：3LDK
●詳しくはコチラ⇒ https://〇〇.co.jp/〇〇〇.html
==

㎡などの略字（機種依存文字）は使わないように！

自社 HP へ誘導できるよう URL を記載しておきましょう。

さっそくですが、物件資料をお送りいたしますので、
ぜひ、ご覧ください。

適度に「ひらがな」を使いましょう。

「△△マンション」は、地域内の販売状況から見ると希少性が高く、
私が自信を持ってお勧めできる物件の一つです。
また、〇〇様にいち早くお問い合わせをいただけたことは、
物件担当者として大変嬉しく思っております。

感謝の気持ちを伝えると好感度 UP です！

お手元の資料をご覧いただき、
ご要望にかなうところがございましたら幸いです。

なお、ご不明な点などございましたら、いつでも、私、〇〇まで
ご連絡ください。
どうぞ、よろしくお願いいたします。

あまり硬い表現にならないようにしましょう。

*******♪あなたの住まい探しを全力サポート♪*****************
株式会社〇〇不動産
××地域担当：〇〇　〇〇
TEL：〇〇-〇〇〇〇-〇〇〇〇
E-mail:　〇〇@〇〇.co.jp
ホームページ：http://www.〇〇.co.jp
****

営業実績や社歴なども、積極的にアピールしましょう。

必ず連絡先を記載しましょう。

6 Eメールの返信率を高める工夫をしよう

Eメール営業を実践している多くの営業担当者が抱えている悩みは、お客様からの返信がなかなか得られないということでしょう。実際に、お客様は物件の問い合わせをする際、同時に複数の会社へ問い合わせのEメールを送っているものですから、いちいち、すべての営業担当者からのEメールに反応してくれないのも、致し方ないのかもしれません。

そこで、お客様からの返信率を高めるためには、どうしても工夫が必要となります。

(a) 返信用のフォームを挿入しておく

お客様が返信メールを送ろうとしても、どのような文章を書けばよいのかが分からず、結果として返信をためらってしまう場合もあります。そこで、**お客様が文章を書かなくても返信ができるような工夫**をしておくことも返信率を高める上では効果的です。

例えば、物件情報の最後に、現地見学の申込みができるよう、希望日時などを入力するだけのフォームを設けておくといいでしょう。

返信率を高める工夫

例 返信用フォーム

見学は、お電話、専用フォーム、メールへのご返信で承っております。
お気軽にお申込みください。
【お電話でご予約】→0120－000－0000
私、〇〇までご連絡ください。
【HPからご予約】→https://www.〇〇.co.jp/formmail.html
【メールでご予約】
→ご希望の日時等をご入力の上、このままご返信ください。
ご希望日時：（　　）月（　　）日（　　）時ころ
ご来場人数：（　　）名様
ご連絡先電話番号：　　－　　－

例 即時対応が困難なメールを受信した場合の返信

さて、ご質問の件ですが、現在、売主様に問合せをしておりますので、
今しばらくお時間をいただきたいと思います。
明日中には、改めてメールにてご返答いたします。
大変申し訳ございません。

返答期限を設けると、好感度 UP が期待できます。

(b) 返信のスピードにこだわる

多くのお客様は営業担当者からの返信メールの速さに対応面での満足度を左右される傾向にあるため、**遅くともEメールを受信したその日のうちに返信**することを心がけましょう。なるべく速い返信を実践するには、何パターンか、汎用性のある返信用のテンプレートを用意しておくと便利です。なお、即時対応が困難なEメールを受信した場合には、その旨と、その後の対応について返信しておきましょう。

(c) プッシュメールを送る

お客様からの返信をもらうためには、**タイミングを図りながらプッシュメールを積極的に行う**ことが大切です。例えば、物件資料を送った後の最初のプッシュメールとしては、「資料送付後の伺いと案内誘導」をテーマにしたEメールを送ってみます。それでも反応が得られない場合、次は、「お客様が持つであろう不安や悩み、疑問を想定したFAQ」をテーマにしたEメールを送ってみましょう。さらに反応が得られなければ、「問合せ物件に対する類似物件の紹介」そして「イベントなどの案内や来社誘導」といったように、さまざまなテーマのプッシュメールをしてみてください。なお、**プッシュメールで物件情報ばかりを繰り返し送信するのは、かえって逆効果**になりやすいのでやめたほうがいいでしょう。

プッシュメールの作成例

例 資料送付後の伺いと案内誘導のメール

○○ ○○様

お世話になっております。
○○不動産の○○と申します。

先日お送りいたしました
【△△△マンション】(○○線「○○」駅徒歩○分、3, 980万円)の
資料はご覧いただけましたでしょうか？

→ 問い合わせのあった物件概要を明記します。

→ ぜひ見て欲しいと思う部分をアピールします。

「△△△マンション」は利便性が良いだけでなく管理の状態も良いので、
気持ちよく日々の暮らしをおくっていただけると思います。
また、ベランダから見る景色はとても素晴らしいものがありますので、
ぜひ、○○様に現地を見ていただき、
入居後の暮らしを体感していただければと思っています。

今週末でしたら、下記日時で現地をご案内することができます。
○○様のご都合がよろしければ、直ちにご予約をお取りいたしますので、
ご希望の有無、時間につき、お早めのご返信をお願いいたします。

1. ○月○日(土)00:00～00:00
2. ○月○日(日)00:00～00:00
3. ○月○日(日)00:00～00:00

→ あえて条件（絞込み）を付けることで、相手の行動を促す効果が期待できます。

→ 見学だけでもよい旨を伝えておきます。

もちろん、当日はご覧いただくだけでもかまいません。

また、ご希望にかなわなかった場合は他の物件のご紹介とご案内も
承りますので、どうぞお気軽にお申し付けください。

→ 「気に入らなかったときにどうなるのか？」も伝えておきましょう。

ご連絡お待ちしております。

お客様からの返信がもらえなくてもすぐにあきらめるのではなく、少なくとも4～5回程度はプッシュメールを続けてみましょう。

column 2

ネット広告では「おとり広告」が問題となっているようですが？

インターネットを使った広告活動は、今や当たり前のものとなっていますが、物件情報を掲載するとき、その表示の仕方に気をつけないと、「いつの間にか、おとり広告をしちゃったみたい……」と、なりかねないので注意が必要ですよ。

そもそもネット上に掲載されている物件は、当たり前のことですが、現在販売中のものであることが前提となります。

ですから、成約した物件については、原則としてリアルタイムで情報の削除をしていくことになるのですが、現実にそれを行うのはかなり困難ですよね。

でも、だからといって、いつまでも成約済みの物件をホームページなどに掲載していると、それは「おとり広告」とみなされてしまう可能性があるのです！

そこで、このような「おとり広告」を防止するため、不動産広告の表示に関するルールを定めた「不動産の表示に関する公正競争規約」では、「情報登録日等」および「次回の更新予定日」をインターネット広告における必要な表示事項としているのです。

このような表示があれば、期間内に成約済みとなっても、次回の更新の際には削除されるものと認識されるのが一般的ですから、万一、成約済みの物件がネット上に掲載されていたとしても、原則として「おとり広告」とはみなされないのです。

ただし、「じゃあ、仕事も忙しいから、次回の更新予定日は１ヵ月後にしよう」っていうのはダメですよ。

登録日と更新日の間があまりにも長いと、わざわざ２つの日付を表示する意味がなくなってしまいますからね。

せいぜい、この期間は長くても２週間程度までとして、こまめな更新を心がけましょうね。

column 3

LINE を営業に取り入れている会社が増えたけど、どうなの？

数年前から、企業が営業活動の中で LINE を活用することが多くなってきましたね。LINE 登録されたお客様への情報発信やコミュニケーションツールとしては、とても便利ですから、上手に活用したいものです。

● LINE を活用するメリットは？

① 不特定に情報発信する広告媒体よりも高い訴求効果が期待できる。

② ホームページよりも多くの反響が期待できる。

③ ポップアップ通知により情報伝達時のタイムラグが解消されスムーズなやり取りができる。

④ 外出中でもスマートフォンからタイムリーな返信が容易にできる。

⑤ 応答メッセージなどの機能を活用すれば、お客様を待たせることなく、物件見学の予約などを促すことができる。

ただし、LINE は、すべての人にとって当たり前なコミュニケーションツールであるとは限りません。中には、LINE でのやりとりに警戒心を持つお客様もいますし、信頼関係のできていないお客様や、女性、高齢のお客様に対して安易に LINE の利用を促すと不信感を招く場合もあるのです。

ですから、LINE を営業活動に利用する場合は、QR コードを広告や名刺に表示しておくなどして、お客様のほうから自発的に LINE 登録をしてもらうようにしましょうね。

ちなみに、いくら便利とはいえ、重要な内容のやり取りについては LINE よりも別の連絡手段を選択したほうが賢明だと思いますよ。

第3節　資金計画と住宅ローンの基礎

1　総予算を知るための資金計画を立てる

お客様に物件を紹介するにあたり予算を決めておくことが肝心なのですが、その予算を決めるために行うのが資金計画になります。

特に、購入資金の一部として借入金を利用する場合や、現在住んでいる自宅を売却して得られる資金を購入代金の一部に充当（これを「買換え充当金」といいます）する場合には、資金計画がとても重要となります。

自己資金についても、財形貯蓄や定期貯蓄、株式など現金化に時間を要するものが多く含まれている場合、引出しが可能となる時期を確認しておく必要があります。また、自己資金の中に買換え充当金が含まれる場合、資金調達ができる時期や譲渡所得税などに注意を払うとともに、現住居が住宅ローンの返済中である場合は、残債額を差し引いた後の手取りがいくらになるのかも確認しておくことが大切です。

このように、**資金計画とは単に調達資金の内訳を考えるだけではなく、必要なときに必要な資金を確実に準備することができるかどうかなども含めて検討することがポイント**なのです。

資金計画

頭金と購入諸費用は自己資金から準備をして、
不足する部分を住宅ローンで賄うのが一般的です。

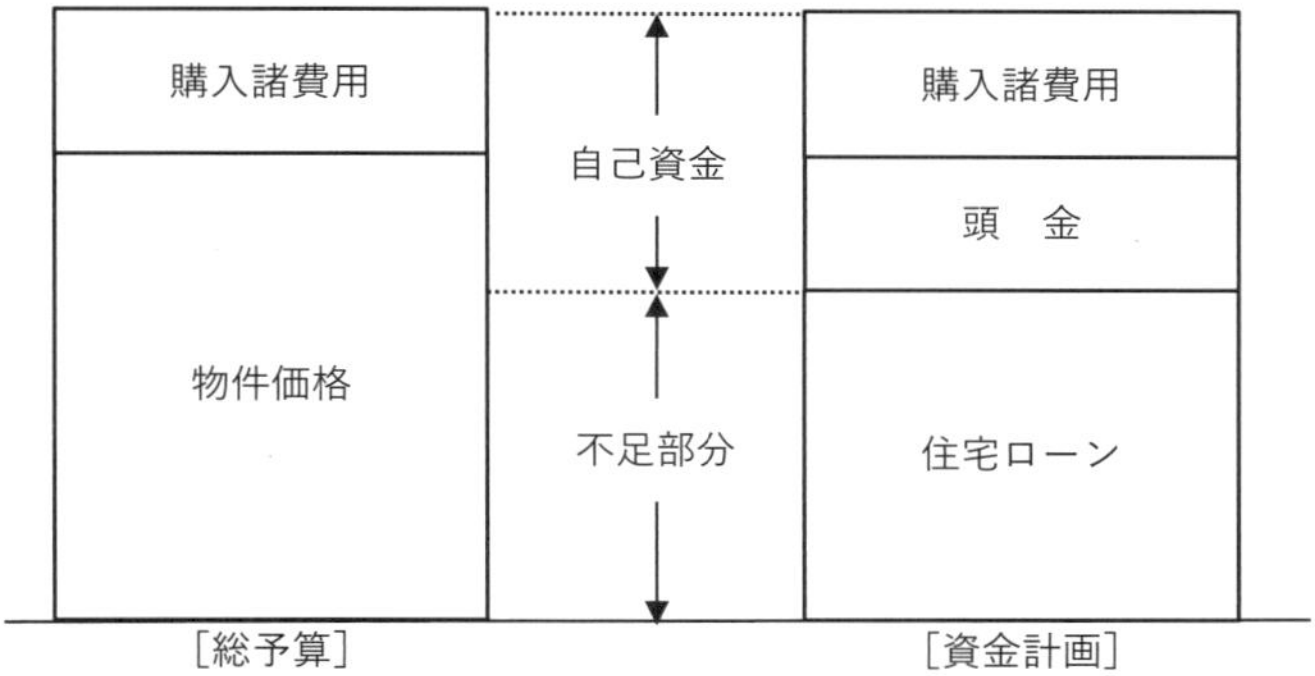

CHECK 資金計画を立てるときの主なポイント

(1) 十分な自己資金の準備ができているかどうか。不足している場合には、両親などからの資金援助が可能かどうか。
(2) 自己資金は現金のように流動性のあるものかどうか。株式などの場合、いつ頃換金できるのか。
(3) 借入希望額は、現実的に無理のない金額かどうか。年収などからみた借入可能額の範囲かどうか。
(4) 買換え充当金を考慮する場合、その受領時期や金額（手取り額）に問題はないかどうか。受領時期が遅れるおそれがある場合、つなぎ融資等の利用は可能かどうか。

資金計画とは、お客様が購入後も今までどおり安心して暮らしていくためのものでもありますから、無理のないものにしましょう。

2 購入時にかかる諸費用とは

物件を購入する場合、購入代金以外にも、登記費用や、住宅ローンを利用する場合に金融機関へ支払うこととなる保証料や事務手数料など、そのほかに仲介をした不動産会社へ支払う仲介手数料や契約書に貼付する印紙代など、さまざまな費用がかかるものです。

そこで、これらの購入時にかかる諸々の費用を総称して「購入諸費用」と呼んでいます。

必要な購入諸費用は購入する物件の場所や種類、取引のパターンなどによって異なりますが、仲介手数料を要する取引パターンの場合、物件価格に対しておおむね8パーセント程度の金額となるため、資金計画の中でも重要な要素となります。

購入諸費用は原則としてお客様の自己資金の中から優先的に賄うことになり、自己資金からかかる購入諸費用を除いた分が実質の頭金（購入代金の一部）となるため、十分な資金準備ができているかどうかも注意して確認する必要があります。

万一、必要資金が不足するような場合、安易に予算に占める借入金額の割合を増やすのではなく、両親などからの資金援助が可能かどうかについての検討を促すなどのアドバイスを心がけましょう。

購入諸費用の内訳

主な項目		
登記費用	土地	所有権移転登記
	新築建物	表題登記（建物の表示に関する登記）
		所有権保存登記
	中古建物	所有権移転登記
	その他	抵当権設定登記（住宅ローン利用時）
		司法書士報酬（登記申請手続きの委任）
住宅ローン関係	フラット35	融資手数料
		物件検査手数料
		印紙代（金銭消費貸借契約書に貼付）
	民間融資	事務手数料
		印紙代（金銭消費貸借契約書に貼付）
		保証料（あるいは融資手数料）
その他	印紙代（売買契約書に貼付）	
	印鑑登録証明書・住民票の取得費用	
	専用家屋証明書の取得費用	
	固定資産税・都市計画税の清算金	
	管理費・修繕積立金などの清算金（マンションの場合）	
	仲介手数料	
	火災保険料・地震保険料	
	不動産取得税	
	引越費用など（※）	

※　通常は、購入諸費用の「概算見積り」としては計上しません。

3 購入資金の援助に対する贈与税対策

住宅を購入する際に両親などから頭金の一部として資金援助を受ける場合、贈与税に注意をしなければなりません。なぜなら、1暦年（1月1日から12月31日までの1年間）あたり110万円を超える贈与を受けた場合、その超えた金額に対して贈与税が課される（暦年課税）ことになるからです。

また、贈与税は財産を受け取った者が納める税金ですから、十分な贈与税対策を講じておくことが資金を有効に活用する上でのポイントとなります。

この**贈与税対策としては、①もらう、②借りる、③出資してもらう、の3パターンに分けて対策を提案**すると、お客様も検討しやすくなると思います。

例えば、お客様が「もらう」を検討する場合、「相続時精算課税制度」や「住宅取得等資金に対する贈与税の非課税制度」の活用を提案するとよいでしょう。「借りる」を検討する場合は、実質の贈与とみなされないよう金銭消費貸借契約書を交わすなどの対策を提案する必要があります。また、「出資してもらう」では、援助された金額に見合う所有権の持分を援助者に持ってもらう（共有名義にする）ことを提案してみるといいでしょう。

贈与税対策としての“相続時精算課税制度”の活用

相続時精算課税制度とは、60歳以上の父母又は祖父母等（＝特定贈与者）から18歳以上の子又は孫等への贈与で、相続時精算課税制度に係る基礎控除額（110万円）を控除してから、さらに特別控除額（最高2,500万円）を控除した後の金額に一律20%の贈与税が課されるものです。

なお、与資金の使途が住宅取得等資金の場合は、贈与者の年齢要件がなくなります。

≪相続時精算課税制度の仕組み≫

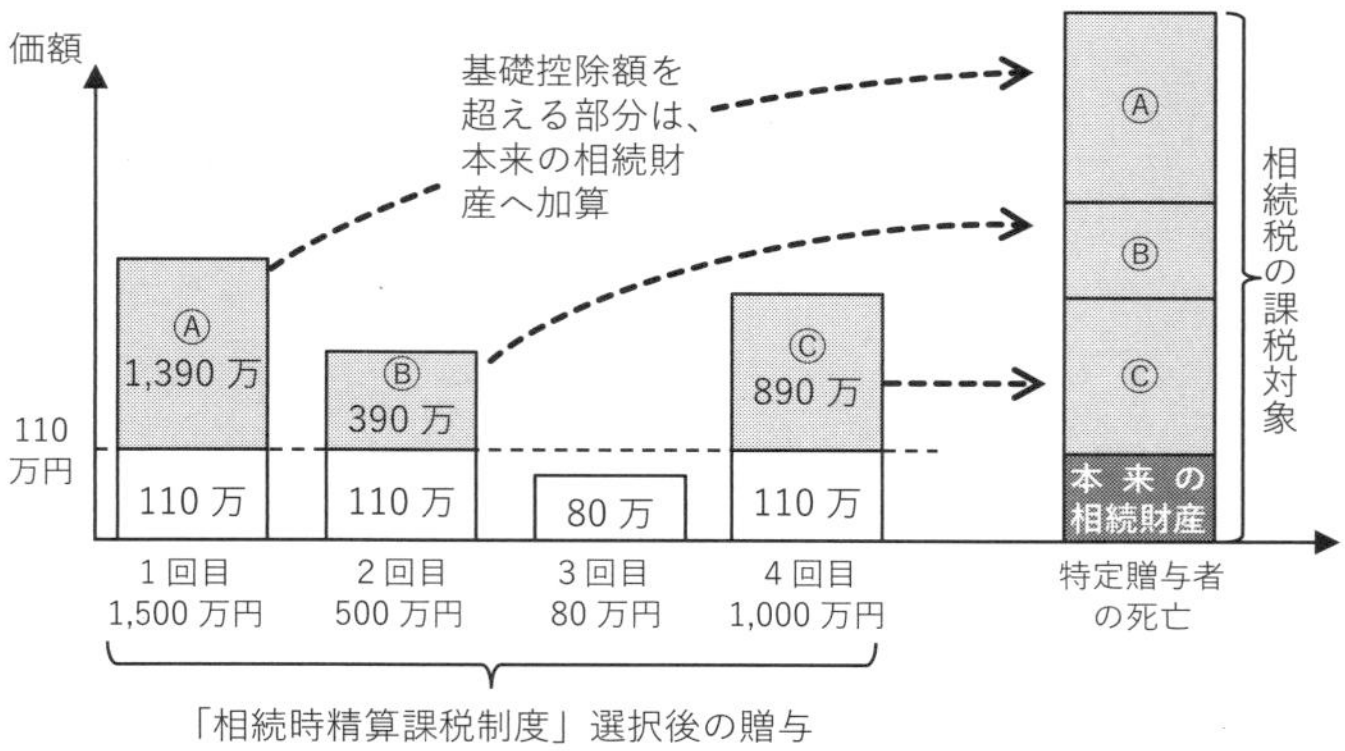

4回目の贈与を受けた時点で「Ⓐ＋Ⓑ＋Ⓒ＝2,670万円」＞2,500万円（特別控除額）となり特別控除額を超えた部分（170万円）に贈与税がかかります。

したがって、4回目の贈与に対して納める贈与税額は「170万円×20%＝34万円」となります。

基礎控除額を超えて贈与された財産は、贈与者が死亡した時、贈与者の相続財産に贈与時の時価で組み入れられて相続税の課税対象となります。

4 住宅ローンの種類と特徴

住宅ローンは大きく分けて「公的融資」「民間融資」「その他の融資」に分類できます。

公的融資には、「財形住宅融資」などが分類されますが、民間金融機関と住宅金融支援機構が共同で融資を行う「フラット35」も、その性質から公的融資に分類できるでしょう。公的融資の特徴としては、安定した収入のある方であれば利用できるものの、建築基準法とは別に独自の審査基準を満たした物件を融資対象としているため利用できる物件が限られてしまうといった点が挙げられます。

民間融資は、銀行のほか、生保・損保会社や農協（JA）、労働金庫、ノンバンクなどさまざまなところが取り扱っているものが分類されます。民間融資の特徴は、原則として建築基準法に適合していれば融資対象となるため多くの物件で利用ができる一方で、借入れ本人に対する審査が公的融資と比べて厳しい傾向にあるといった点が挙げられます。

その他の融資には、勤務先から融資を受ける社内融資や公務員が利用できる共済組合融資などが分類されますが、これらは独自の審査基準を設けていますので、利用できるかどうかを含め、お客様自身で確認してもらう必要があります。

住宅ローンの主な種類

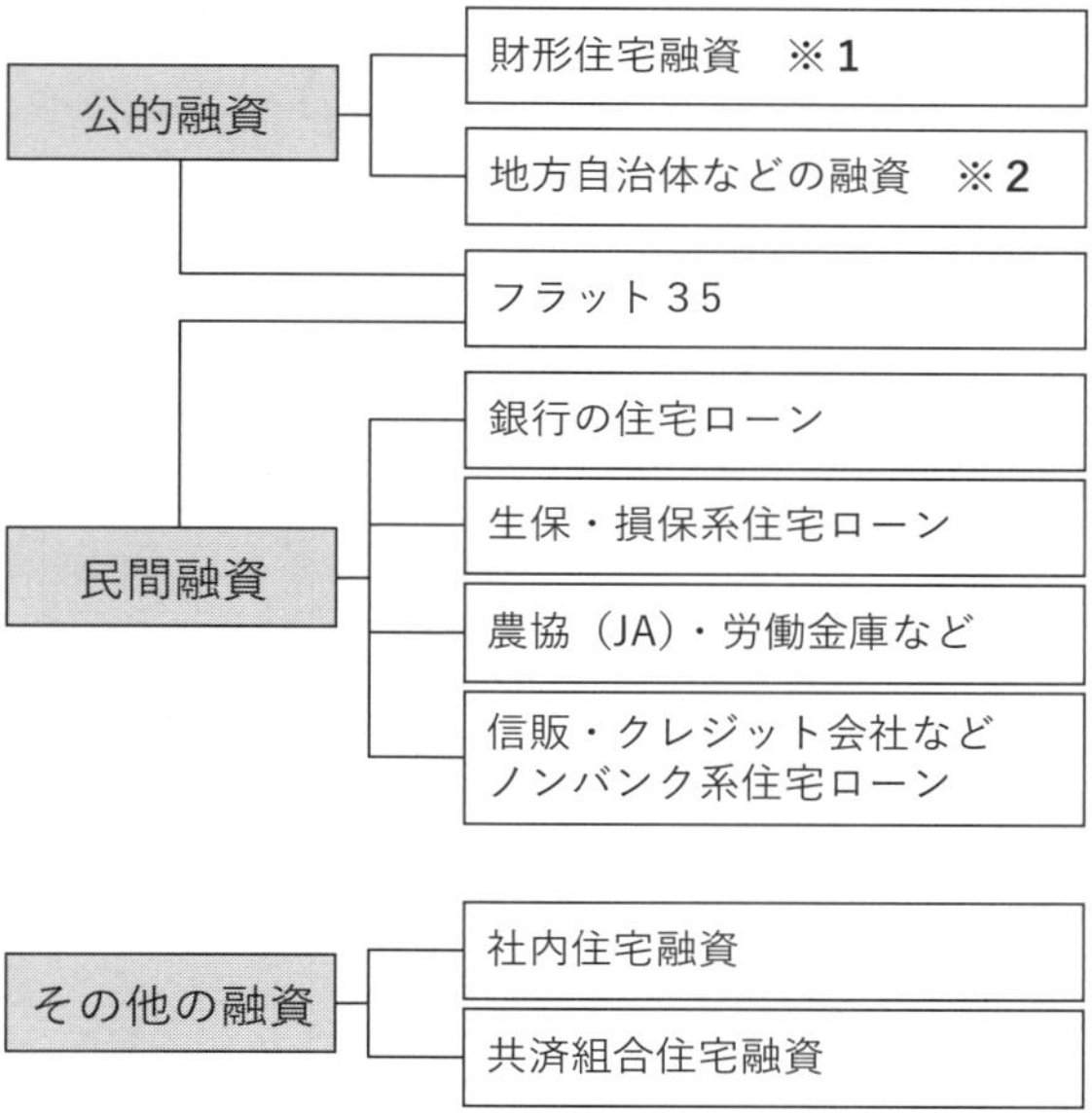

※1　財形住宅融資：

勤務先に財形貯蓄制度があり、積立を1年以上続けていて、かつ貯蓄残高が50万円以上ある会社員が利用できる融資制度です。

※2　地方自治体などの融資：

地域住民の住宅取得を支援するための自治体による制度です。

公的融資と民間融資では、その特徴が異なるため、お客様の状況に合わせて使い分けることがポイントです！

5 元利均等返済と元金均等返済とは

住宅ローンの返済方法には、「**元利均等返済**」と「**元金均等返済**」の2種類があり、それぞれに特徴があります。

元利均等返済とは、元金と利息の合計額が毎回均等になるように返済をする方法です。支払い額が毎回一定になるため返済計画が立てやすい一方で、返済当初は支払い額に占める利息の割合が大きく元金がなかなか減らないといった特徴があります。

元金均等返済とは、元金部分を返済期間で均等に分割した上で、毎回の支払い後の借入残高に対する利息を上乗せした額を返済していく方法です。したがって、返済当初は利息の額が大きく、家計への負担が大きくなるのですが、返済が進むにつれて毎回の支払い額が逓減《ていげん》していくため、負担は徐々に軽くなっていくといった特徴があります。

なお、**同じ借入条件で計算した場合、返済当初は元利均等返済よりも元金均等返済のほうが毎回の支払い額が高額**になってしまいますが、**総支払額（元金と利息の合計）は、元利均等返済よりも元金均等返済のほうが少なく**なります。

住宅ローンの返済方法

《元利均等返済》

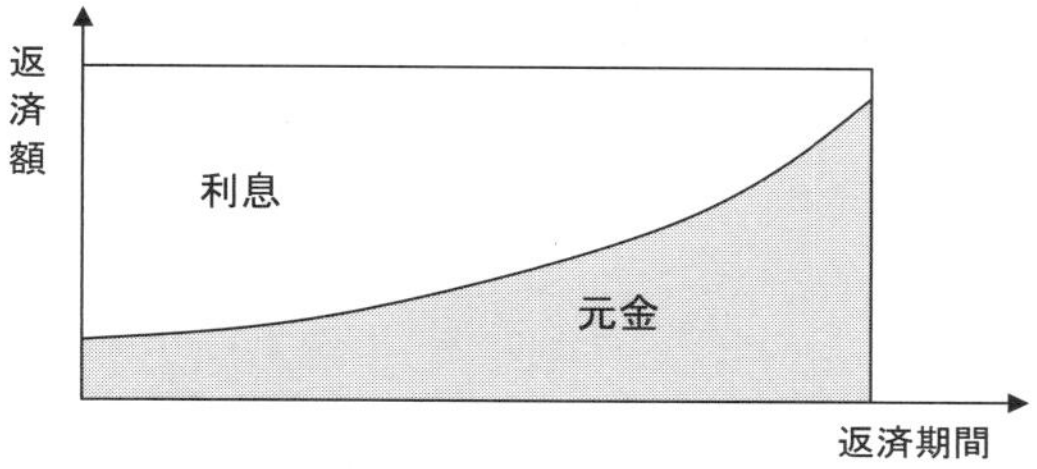

《元金均等返済》

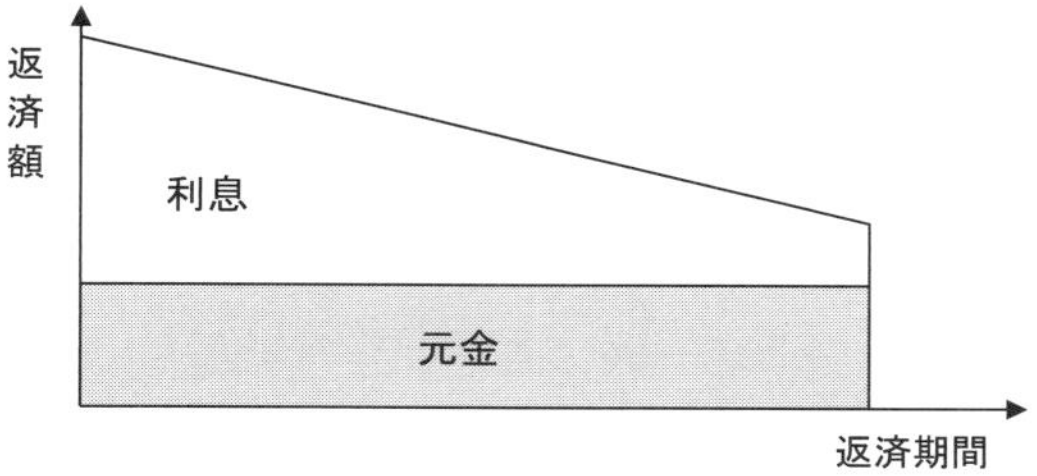

CHECK 返済額の計算例

借入金額 1,000 万円、金利 3 %、35 年返済とした場合

	元利均等返済	元金均等返済
毎月の返済額	38,486 円	48,810 円 （1 回目の支払額）
総支払額	約 1,616 万円	約 1,526 万円

※計算結果は概算です。実際の返済額と異なる場合があります。

元利均等返済による返済額の計算は、金融電卓（通常「ローン電卓」と呼んでいます）を使うと便利です。

6 金利タイプ別に見る住宅ローンの特徴

住宅ローンの金利は、「固定金利」と「変動金利」に大別できますが、住宅ローンの商品構成からみると金利タイプは、①全期間固定金利型住宅ローン、②変動金利型住宅ローン、③固定金利選択型住宅ローンの3種類に分類できます。

⒜ 全期間固定金利型住宅ローン

この住宅ローンは、借入れをしたすべての期間において金利が一定（一部二段階金利）の商品で、代表的なところでは「フラット35」などが挙げられます。

全期間固定金利型の**メリットは、最後まで借入時の金利が変わらない**という点です。元利均等返済を選択した場合、毎回の支払い額も変わらないことになります。

デメリットとしては、将来の金利変動リスクを負わない分、ほかの商品と比較して金利水準が高く、家計への負担が大きくなる点です。このタイプの住宅ローンは、安全性を重視する人や、資産運用に積極的ではない人、じっくり、焦らず、家賃感覚でローンの返済を行いたいという人などに向いているといえます。

(b) 変動金利型住宅ローン

この住宅ローンは、返済期間中に適用される金利が市場の動きに連動するため、支払い額の内訳（元金と利息）が年に2回（通常4月と10月）に金利見直しを行い、2ヵ月後に新金利を適用します）見直されることになります。また、一般的に返済額は5年ごとの見直しとなり、その後の返済額は現状返済額の最大1・25倍までしか上昇しないといった制限もあります。

変動金利型の**メリットには、ほかの商品と比べて金利水準が低いため家計に与える負担が軽くなること**と、支払い額が5年ごとの見直しであるため、ある程度は家計のやりくりがしやすいといった点が挙げられます。

デメリットは、将来の金利変動リスクがあることと、支払い額が5年ごとの見直しになるため計画的に元金が減っていかない可能性がある点です。

さらに、金利の上昇が続いた場合、毎回の支払い額で払いきれない利息（これを「未払利息」といいます）が生じる可能性も懸念されます。金融機関によってその対処方法は異なりますが、通常、未払利息については翌月以降に繰り延べられるため、未払利息が発生した場合、通常返済とは別に分割で精算したり、毎回の通常返済額から未払利息の支払いを優先的に行ったり、完済時に一括返済するなどの方法が取られています。

したがって、金利が低いことから家計収支に余裕ができる分、積極的に繰上げ返済を行い、将来の金利上昇リスクへ備えることが大切です。このタイプの住宅ローンは、夫婦共稼ぎ世帯など家計収支にある程度の余裕があり、積極的にリスクを取れる人や、早期完済を目指す人、資産運用に積極的な人などに向いているといえます。

(c) 固定金利選択型住宅ローン

この住宅ローンは、変動金利型住宅ローンに借入当初の一定期間に限り金利を固定する特約が付帯されたものです。したがって、金利の固定期間が満了した後は変動金利型か再び固定金利選択型へ更新をするという商品です。

固定金利選択型の**メリットは、契約した固定期間は金利が一定となるため家計のやりくりが計画的にできる**という点です。

デメリットは、固定期間満了時に発売されている住宅ローンに更新することになるため、その後の返済計画が予測できない点です。したがって、固定期間満了時に、ある程度の繰上げ返済をして、借入残高を減らせるように準備をしておくことが大切です。このタイプの住宅ローンは、出産などによる一時的な世帯収入の減少が予測される場合や、子供の進学などにより一定期間だけ家計への負担を軽くしておきたい人などに向いているといえます。

金利と返済額のイメージ

※ 元利均等返済の場合

《全期間固定金利型》

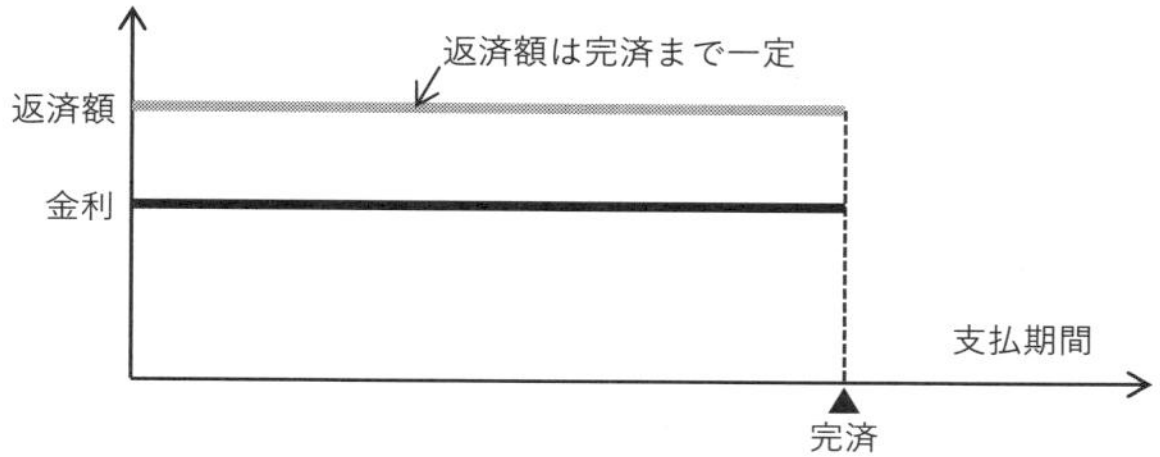

《変動金利型》

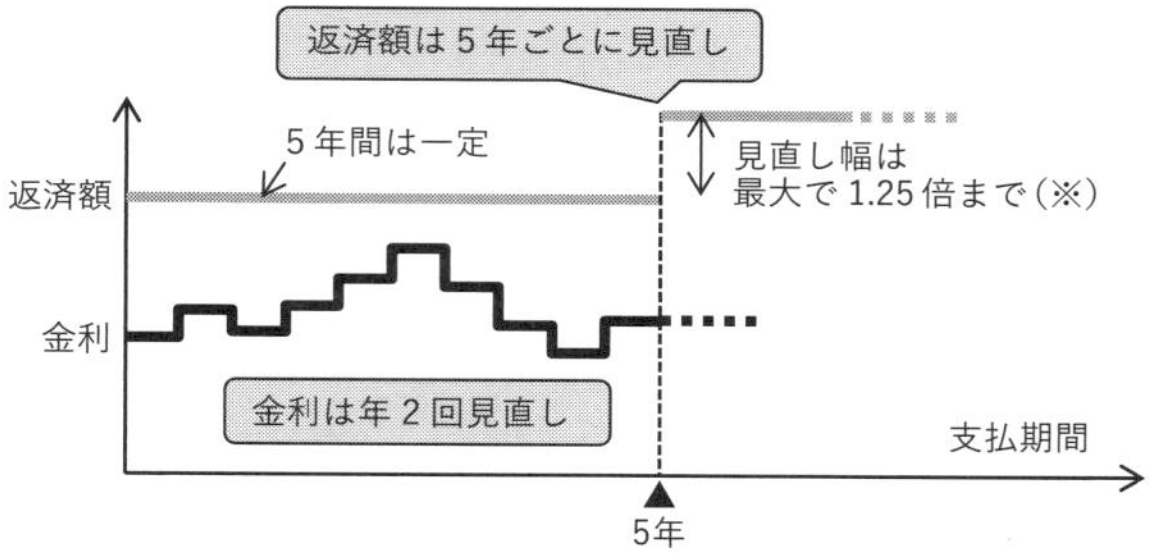

※ 一部金融機関の取り扱う商品では、金利の見直しと合わせて返済額を見直すとともに、1.25倍のルールを適用しないものもあります。

《固定金利選択型》

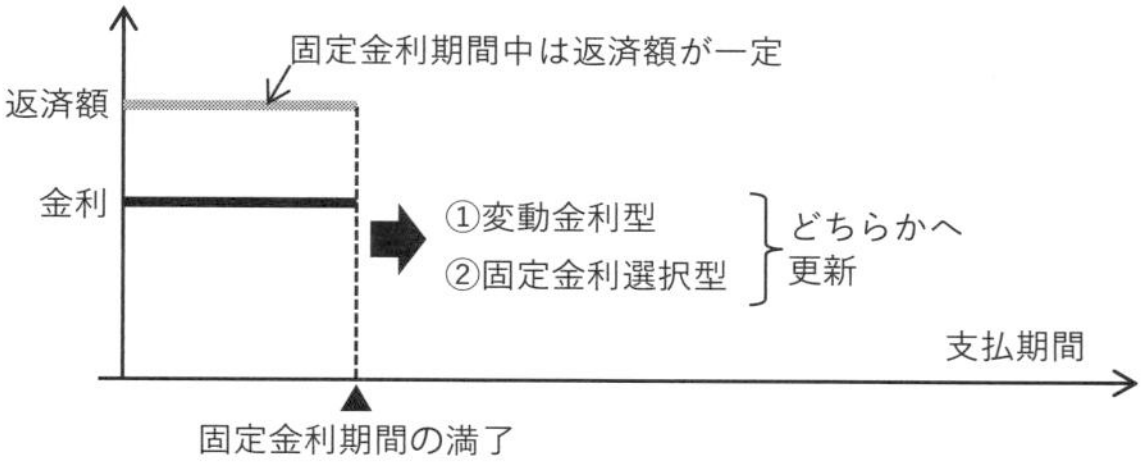

7　年収から借入可能額の計算をしてみよう

お客様が購入資金の一部として住宅ローンを利用する場合、お客様自身の希望する借入額とは別に「借入可能額」を計算しておく必要があります。なぜなら、住宅ローンを利用する場合、必ず金融機関の審査を受けることになるため、**一般的な貸出審査基準に基づく借入可能額の計算は資金計画を立てる上で重要な要素**となるからです。

借入可能額とは、①その金融機関が定めた貸出しの上限金額、②その金融機関が定めた担保掛目（担保評価額に対する総借入金額の割合）の範囲内の金額、③その金融機関が定めた返済比率（前年度税込年収に対する年間総返済額の割合）の範囲内の金額、のうち最少の金額を指しますが、金融機関によって基準内容は異なるため注意が必要です。

なお、左ページで紹介している借入可能額の計算は、単に年収から求めたものであって、このほかに申込人の審査や購入予定物件の審査などもあることから、実際に融資を受けられる金額を意味するものではありません。また、お客様の家族構成やライフスタイルなども考慮していないため、「返済可能額」ではないということも十分に認識しておくことが大切です。

年収を基準とした借入可能額を計算してみましょう！

Q

会社員Aさん（年収500万円）は、3,500万円の住宅ローン（35年返済）の借入を考えています。

融資条件として、審査金利3％（35年返済の場合、100万円あたりの月々の返済額は3,849円）、返済比率35％以下とする銀行からの借入は可能でしょうか？

なお、現在返済中の他の借入はありません。

① 審査金利による借入可能額を計算しましょう。

（年　収）　　　　（返済比率の上限）　　（年間の返済可能額）
＿＿＿＿＿円　×　35％　＝　＿＿＿＿＿円

（月々の返済可能額）
＿＿＿＿＿円　÷　12ヵ月　＝　＿＿＿＿＿円
※1円未満は切捨て

（審査金利3％に対する100万円あたりの返済額）　　（小数点第2位以下は切捨て）
＿＿＿＿＿円　÷　3,849円　＝　＿＿＿＿＿→＿＿＿＿

（借入可能額）
＿＿＿＿　×　100万円　＝　＿＿＿＿万円

② 借入可能額と借入希望額を比較しましょう。

（借入可能額）　　　　　　（借入希望額）
＿＿＿＿＿万円　＜ or ≧　3,500万円

借入希望額が借入可能額を超えている場合には、予算の見直しや審査金利の低い借入先への変更などの検討が必要です。

借入可能額の計算は、購入予算を決める上で大変重要なものですから、しっかりとマスターしておきましょう！（次ページに答えがあります）

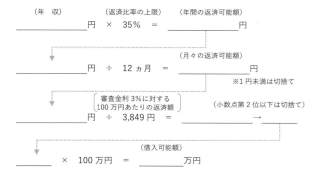

A　会社員 A さん（年収 500 万円）の「借入可能額」の計算

①　審査金利による借入可能額を計算しましょう。

（年　収）5,000,000 円 ×（返済比率の上限）35% =（年間の返済可能額）1,750,000 円

1,750,000 円 ÷ 12 ヵ月 =（月々の返済可能額）145,833 円
※1 円未満は切捨て

145,833 円 ÷ 3,849 円（審査金利 3%に対する 100 万円あたりの返済額）= 37.888542… → 37.8（小数点第 2 位以下は切捨て）

37.8 × 100 万円 =（借入可能額）3,780 万円

②　借入可能額と借入希望額を比較しましょう。

（借入可能額）3,780 万円 ＜ or ≧（○で囲み）（借入希望額）3,500 万円　借入希望額が借入可能額より少ないので借入OK！

計算に用いる「100万円あたりの返済額」は、
ローン電卓に
①　借入額100万円
②　利率○%（審査金利）
③　返済月数（35年返済なら420回）
と入力すれば、簡単に計算できます！

●審査金利に対する 100 万円あたりの返済額の目安　（単位：円）

審査金利＼返済期間	20 年	25 年	30 年	35 年
4.0%	6,060	5,279	4,775	4,428
3.5%	5,800	5,007	4,491	4,133
3.0%	5,546	4,743	4,217	3,849

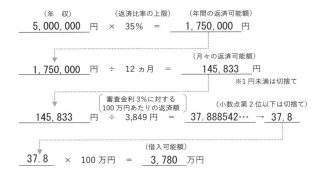

借入可能額を計算するときの注意点

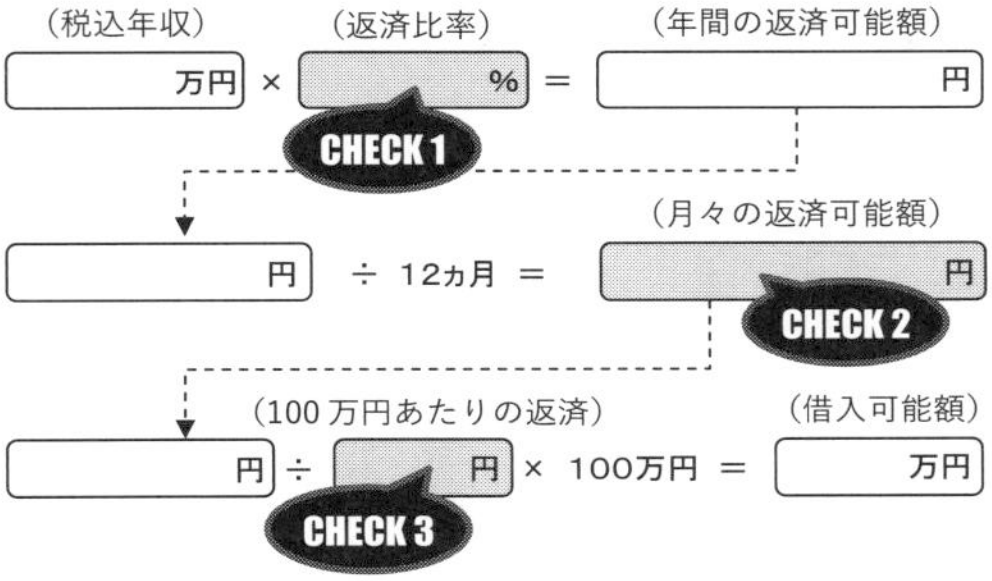

CHECK 1　返済比率の上限は金融機関によって基準が異なります。

●返済比率の基準例

税込年収＼金融機関	A銀行	B銀行	フラット35
300万円未満	30%以内	−	30%以内
400万円未満	35%以内	35%以内	
700万円未満	40%以内	40%以内	35%以内
700万円以上	40%以内	45%以内	

CHECK 2　クレジットによる買い物などで、現在返済中にある割賦返済金（分割払いをしているもの）があれば、この額から差し引きます。

CHECK 3　金融機関が設定した審査金利に対する100万円あたりの返済額です。審査金利は、金融機関によって異なります。

●審査金利の設定例

（ア）金融機関が独自に定めた金利
（イ）その月の店頭表示された10年固定金利
（ウ）その月の最も低い店頭表示された金利
（エ）融資実行日の属する月の金利　等

借入可能額を計算するときは、1円未満や端数を切り捨てて、少なめに計算しましょう！

第４節　物件検索と紹介時のポイント

1　レインズからの物件検索と紹介

指定流通機構が導入している情報ネットワークシステムを「レインズ」（ＲＥＩＮＳ、不動産流通標準情報システム）といいます。これは、Real Estate Information Network System の頭文字をとった名称で、①媒介物件（売却・賃貸）、②販売代理物件、③自社物件（売却・賃貸）、④成約情報、の４つが登録されています。

物件検索の依頼を受けた営業担当者は、このレインズを使って、お客様の希望条件に合う物件がないかどうか検索をしてみましょう。なお、家探しをはじめたばかりのお客様の場合、自分自身でも何が重要な希望条件なのかを明確に理解できていないことが珍しくありませんから、**最初のうちは検索条件をある程度緩めて物件検索してみるほうがいい**と思います。

物件が見つかったら、情報を掲載している元付業者あるいは売主業者（物元）へ連絡をして、物件の有無（販売中か否か）と客付けすることに対する了承を得ましょう。販売図面はレインズからＰＤＦファイルをダウンロードしますが、登録がされていない場合には、直接、元付業者や物元から販売図面をファックスしてもらうようにしましょう。

レインズを利用した取引の流れ

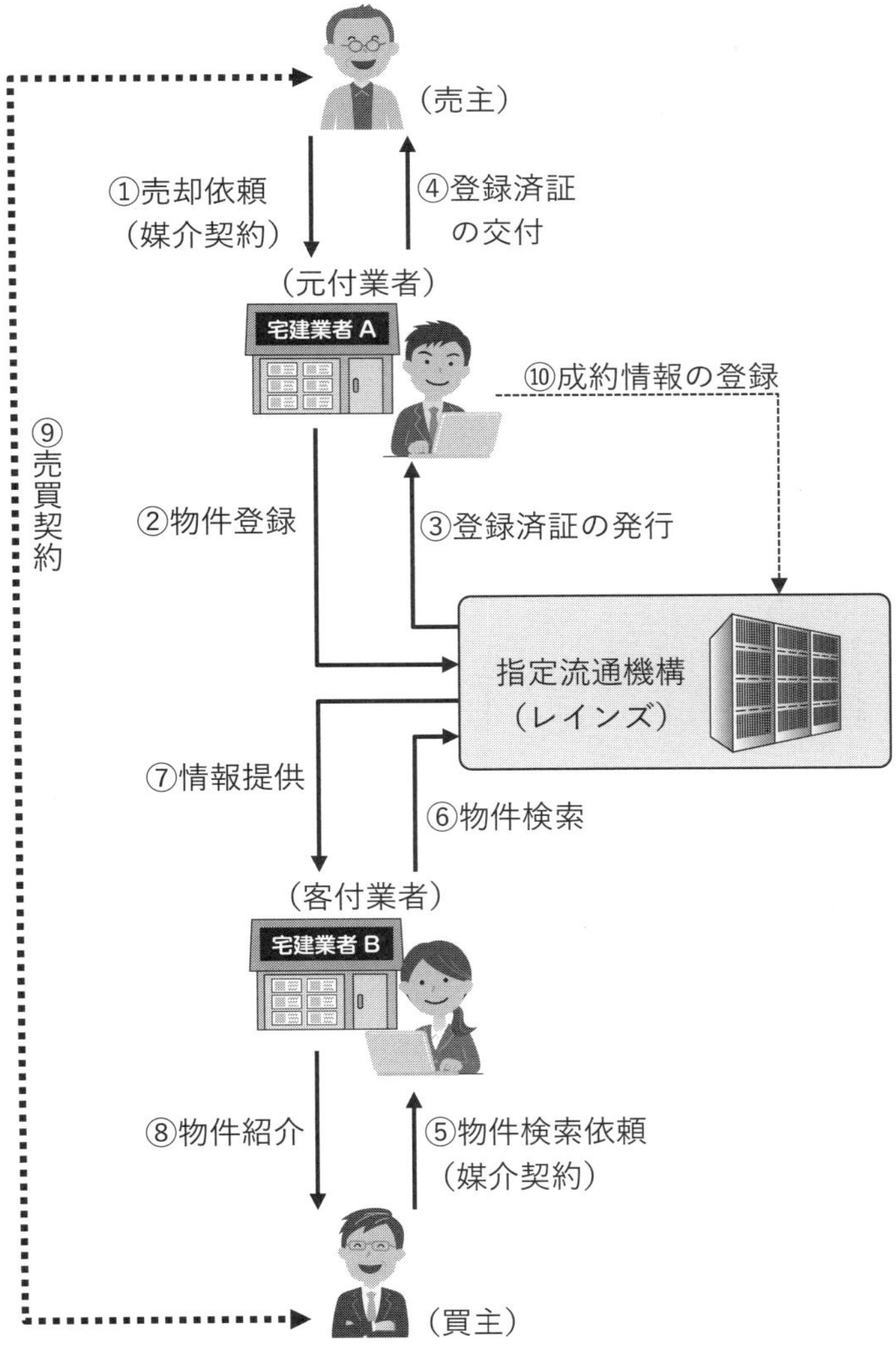

2 販売図面の読み取り方

お客様へ物件を紹介するときは、販売図面（実務では「マイソク」とか「アットホーム」などと呼んでいます）を使うのが一般的です。この販売図面には、①物件種別、②販売価格、③物件概要、④敷地図、建物間取図、⑤周辺地図、⑥宅建業者（売主あるいは元付業者）の表示、⑦取引態様、などが記載されています。ほかには、物件のアピールポイントや取引に際しての注意事項なども記載されている場合がありますので、見落としのないよう、しっかりと内容を確認しながらお客様へ紹介するようにしましょう。

なお、販売図面をコピーしてお客様へ渡すときには、図面下部にある宅建業者の表示部分（これを「帯《おび》」といいます）を自社のものでマスキングしてからコピーを取るようにします。

また、この図面は、不特定多数の人に向けて配布される通常の不動産広告と異なり、宅建業者の間で情報を共有するために作成されたものですから、**「表示規約」などで使用が禁止されているような表示がなされている場合もありますので**、お客様へ渡したり、広告として使用したりするときには注意が必要です。

販売図面の読み取り方

（1）敷地図や間取図

敷地の形や寸法、建物の間取りなどが記載されていますが、簡略化された図である場合が多く、縮尺などが正確でない場合があるので注意してください。また、方位を必ず確認しましょう。

（2）物件の概要

物件種別（名称）や販売価格、住所、交通、権利関係や面積など、そのほかに都市計画法や建築基準法による主な利用制限について記載されています。

（3）宅建業者の表示

物件情報を提供した宅建業者（売主または元付業者）の会社名や連絡先、免許番号と、取引態様（「売主」「代理」「媒介」の別）などが記載されています。お客様には、この部分を自社の表示のものにマスキングしてコピーしたものを渡しましょう。

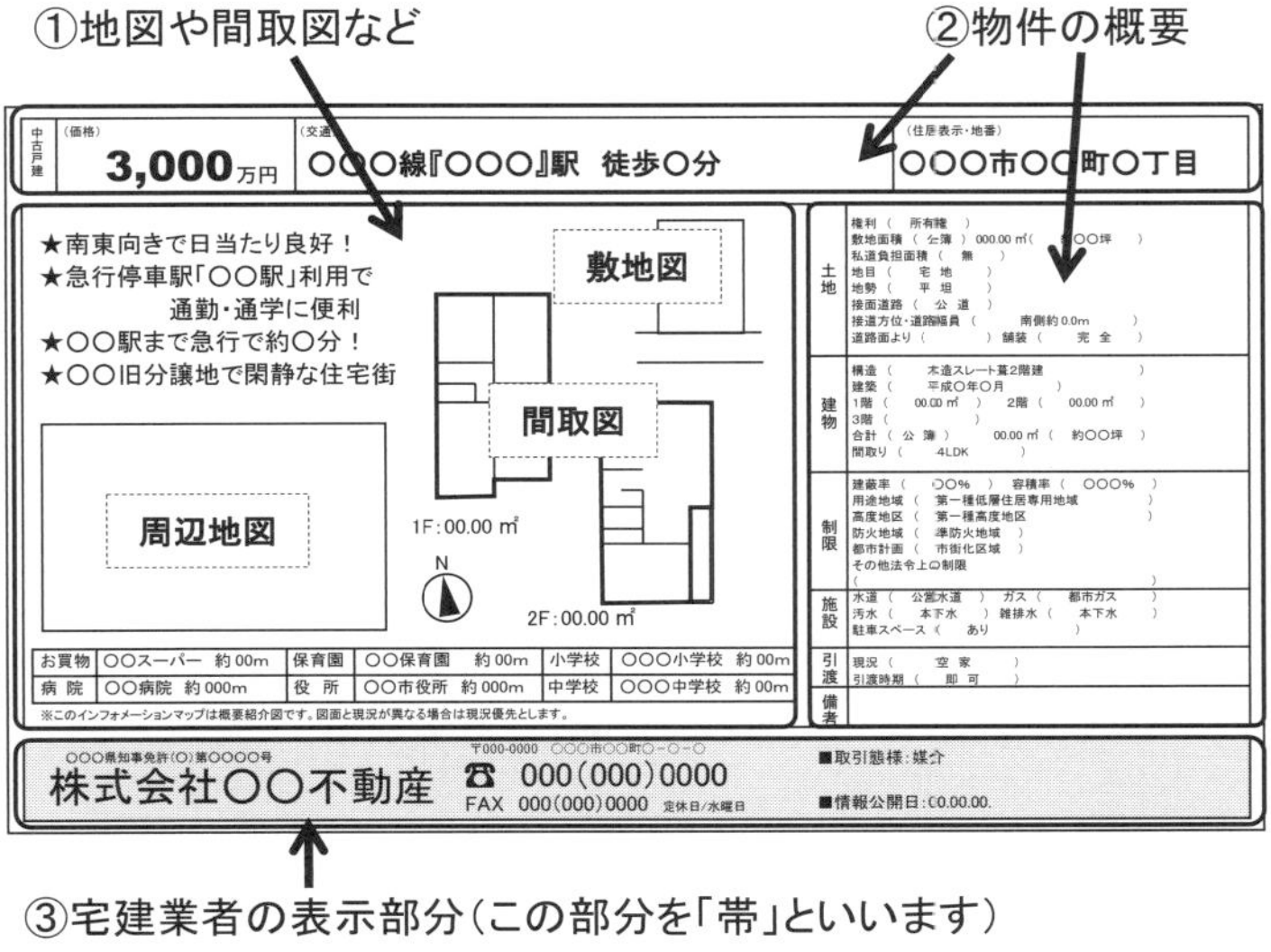

3 物件紹介時に心がけること

不動産取引のプロである以上、営業担当者が多くの物件に関する情報を持っているのは当たり前のことですし、お客様はそのことに期待をしています。

ただし、だからといって、**常に数多くの物件を紹介することが必ずしもお客様に満足される営業をしているとは限らない**という認識を持っておくことが大切です。

営業担当者は、お客様から聞いた希望条件を考慮して、お客様に最適と思える物件を厳選してから提案することも大切なのです。

また、お客様は必ずしも常に合理的な判断に基づく選択（決断）をするとは限らないといった認識も持っておくべきでしょう。

なぜなら、何らかの意思決定を行う際に「感情」という非合理的なものが理論や理屈よりも優先される場合があるからです。つまり、希望条件に見合った物件を紹介できたとしても、契約に至るとは限らないのです。

そこで、お客様の的確な判断を促すために、人が何らかの判断を下すときの一般的な思考パターン（左ページ参照）を理解しておくと、営業の幅を拡げることに役立つでしょう。

選択肢は多ければ多いほどよい？

アメリカの大学で、「**行動経済学**」に関する
ある実験が行われました。

Q

A店では6種類のジャムを、B店では24種類のジャムを、それぞれテーブルに並べて試食ができるようにして、販売をしました。
さて、ジャムがたくさん売れたのはどちらのお店でしょう？

A

テーブルでジャムの試食をしたお客さんの数には大差ありませんでしたが、実際にジャムを購入した人の割合は、24種類のジャムを置いたB店よりも6種類のジャムを置いたA店のほうが高く、その結果に大きな違いが出ました。
つまり、**選択肢の少ないほうが、お客さんを「購入する」という行動に向かわせたのです！**

「行動経済学」とは、感情が経済行動に及ぼす影響について研究しているもので、さまざまなビジネスシーンで役立つものです。

お客様に物件を紹介するときは、少なすぎても、多すぎてもダメ！お客様が自ら的確に選択できるようバランスよく提供することが大切です。

column 4

「青田売り」と「建築条件付売地」って、どう違うの？

●「青田売り」とは

未完成物件を販売することを意味しています。したがって、買主は原則として建物の間取りや仕様などの建築計画がすでに決まっている建売分譲住宅を購入することになります。

●「建築条件付売地」とは

その土地を購入する人が土地購入後一定期間内に、その土地に建物を建築することを条件に販売される土地のことを意味しています。当然に、建物は土地購入者による注文住宅となります。

ここで問題となるのが、「建売分譲住宅」として販売する物件であるため、すでに建築確認を申請したものの、確認が得られるまで待っていられないからといって、「建築条件付売地として広告しちゃおう！」というケースです。

この広告を見た人は結果的に建売分譲住宅を買わされるわけですから、まさしく建築条件付売地とは名ばかりの実質的な青田売りであり、「だまされた…」と感じる人もいるでしょうね。

そこで、「不動産の表示に関する公正競争規約」では、「建築条件付売地」という表示に対して厳しい規定を設け、「実質的な青田売り」とみなされるものを、宅建業法（広告の開始時期の制限）に抵触するものとして規制していますから、広告を作成するときなどには注意が必要ですよ。

column 5

販売図面にある「接道不適格」とか「告知事項あり」の記載って、何？

販売図面に「接道不適格」とか「告知事項あり」などの言葉が記載されている場合がありますが、このような物件をお客様へ紹介する場合には、以下のような点で注意が必要ですよ。

●「接道不適格」「既存不適格」などと記載されているとき

通常、建築基準法に定める接道義務を満たしていない物件の場合、「接道不適格」とか「再建築不可」といった記載がされています。

また、新築当時は適法だったものの、その後の法改正などにより現行の法令に適合しなくなってしまった建物を「既存不適格」といい、増改築などによって故意に違反した建物を「違反建築物」と呼んでいます。

いずれの場合も、ノンバンクを利用するか、あるいは現金での取引となってしまう可能性が十分に考えられますので、購入を検討する際に行う資金計画には注意が必要ですよ。

●「告知事項あり」と記載されているとき

私たち宅建業者は、購入を検討している人の判断に影響を及ぼす重要な事については、告知する義務を負っています。

例えば、その物件で過去に自殺や火事などがあった場合、原則として、それは告知事項の対象となります。

ですから、もしも販売図面に「告知事項あり」と記載されていたら、お客様へ紹介する前に、その内容を元付業者に確認しておく必要がありますね。

第5節　現地案内からクロージング

1　現地案内の流れ

契約に向けて必ず行う営業活動の中に、お客様を物件へ案内するというものがあります。**現地案内とは、**現地にて購入後の暮らしをお客様にイメージしてもらうことで、お客様の頭の中にある**マイホームへのニーズを具現化して契約に結びつける活動**ですから、そのことを十分に意識して実践することが大切です。

お客様を現地案内するには、物件の選定から始めます。お客様の希望条件を十分に考慮してレインズなどから物件を検索してみましょう。

現地案内する物件が決まったら、まずは実際に現地へ出向いて物件の下見をします。このとき、単に物件を見に行くのではなく、案内する際の道順や現地でのセールスポイント、お客様からの予想される質問事項などを整理しておくことが案内を成功させるポイントです。

次に、売主または元付業者へ連絡をして、案内の承諾と日時などの調整を行います。

すべての準備が整ったら、お客様を案内しましょう。最後に、案内した物件についての評価をしてもらい、気に入った物件があれば購入の申込みをしてもらいます。

現地案内の主な流れ

物件の検索

↓

現地の下見と案内する物件の選定

↓

案内の事前準備

↓

案内の実行

↓

物件の評価の確認

↓

購入の申込み	再案内

2 案内物件の選定と下見のポイント

お客様を現地案内するとき、販売図面だけを見て案内する物件を選定するのではなく、お客様の希望条件を念頭に置きながら、実際に営業担当者自身で現地を見て、案内する物件を選定することが大切です。不動産は現地を見なければわからないことがたくさんありますので、特に、営業初心者はしっかりと下見をしておくほうがいいと思います。

ⓐ 物件の検索

お客様の希望条件を考慮して、レインズなどから物件を検索しますが、現地を見なければわからないこともあるため、**まずは多めに抽出**しておきましょう。

ⓑ 現地の下見

物件が抽出できたら現地へ出向いて物件の下見をしながら、実際にお客様を案内する物件の絞り込みをしましょう。このとき、案内する道順や現地でのセールスポイント、お客様からの予想される質問事項などを整理しておくことが案内を成功させるポイントです。

物件のアピールポイントを考えてみましょう！

Q 下図のような物件をお客様に紹介しようと思います。
さて、あなたはいくつこの物件のセールスポイントを挙げられますか？

《お客様から指摘されることが多い物件のデメリット》

- 日照・通風があまりよくない。
- 奥まっているため防犯性が気になる。
- 周りの生活音の影響を受けやすい。
- 資産価値が低い。将来、売却しづらい。

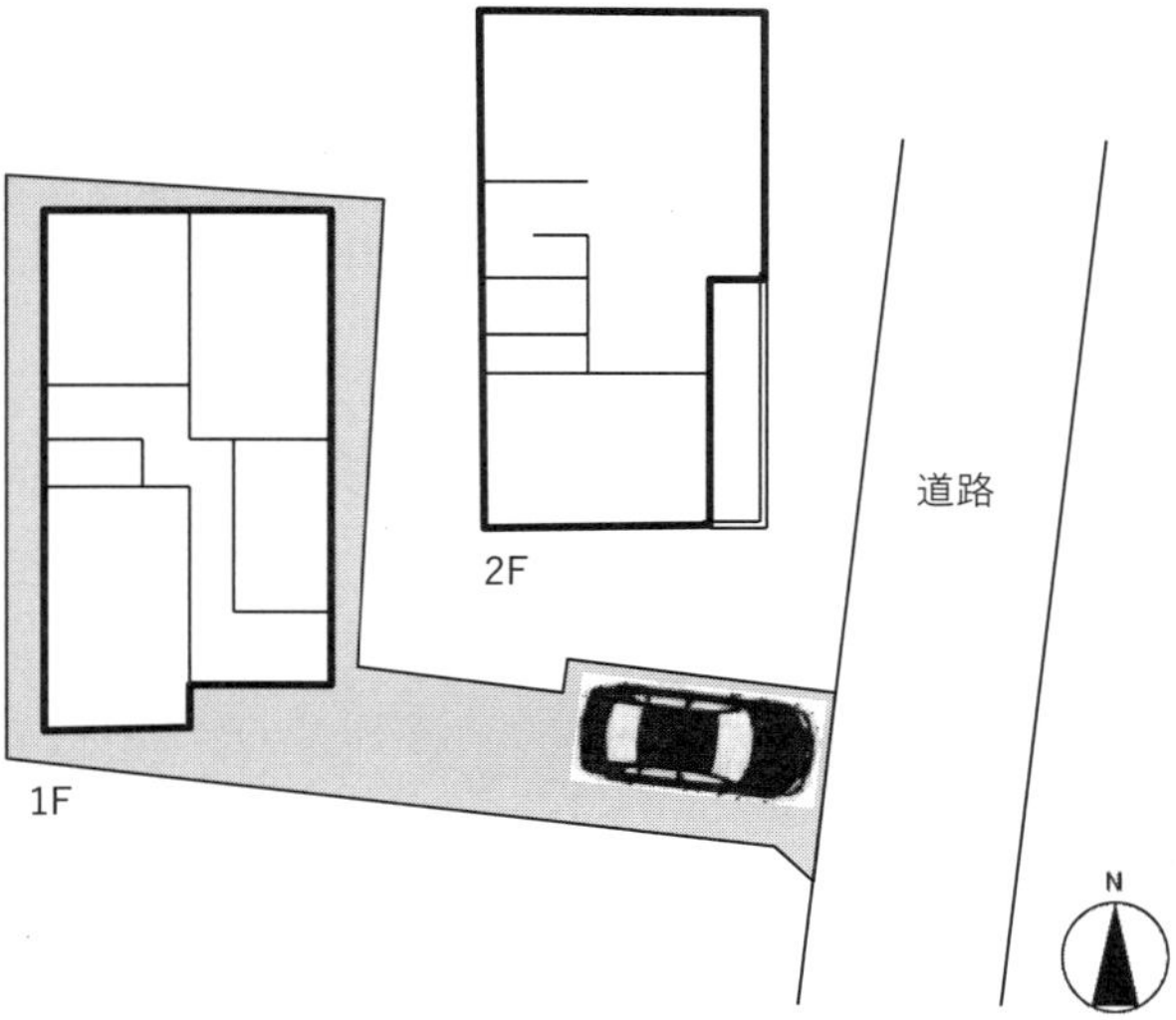

敷地の一部が通路状になった部分（これを「路地状部分」といいます）で道路に接している物件を「敷延《しきえん》」や「旗竿地《はたざおち》」といいます。

いくつ、セールスポイントがありましたか？
次ページに主なセールスポイントを挙げてみました。

A

セールスポイントとして、以下のようなことが挙げられます。現地案内をするときは、単に物件を見てもらうだけではなく、お客様が気づかないような物件の良いところをアピールすることも重要なのです。

- 車庫が路地状部分にあるため、大型車用の車庫スペースを確保しても､家の床面積を大きくとることができます。
- 整形地に比べて敷地の面積が広くなる傾向にあり、路地状部分も敷地面積に含まれることから、価格の割に比較的大きな家が建ちます（間取りに余裕がうまれる）。
- 子供が遊ぶスペース、外遊び道具などの置き場として路地状部分が有効活用できます。
- 小さい子供がいる場合、玄関から道路への飛び出し事故を防げます（整形地の物件では、玄関と道路との距離が近い場合が多い）。
- 路地状部分を単なる通路として利用するのではなく、玄関までのアプローチとして飾れば、趣のある家を演出することができます。
- 奥まっているため、道路からの騒音が届きにくいです。
- 道路に面していないため静かであり、プライバシーも保護されています。
- 整形地に比べて比較的安価に購入することができます。
- 資産価値が低いということは、売却する場合を除けばメリットともいえます。例えば、固定資産税評価額や相続税評価額が下がるので税負担が軽くなります。

お客様が指摘するデメリットは否定しないほうが賢明です。それよりも、お客様の気づいてないメリットをプレゼンしてみることが大切です！

知っておくと便利なサイズ

物件を下見するときや、お客様を案内する際にはメジャーを持参するのは基本ですが、万一忘れてしまった場合、知っておくと便利な寸法があります。

① L型側溝

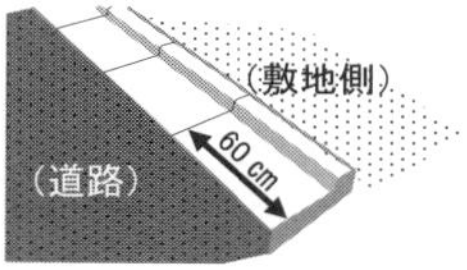

② コンクリートブロック

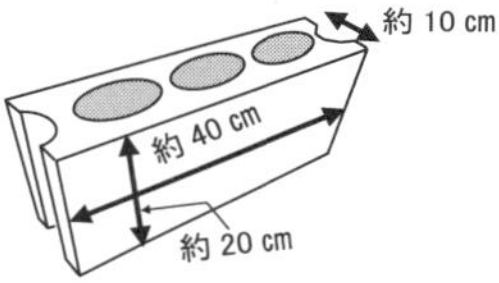

③ よく用いられる寸法（「メートル法」と「尺貫法《しゃっかんほう》」）

1間（けん・かん）＝6尺《しゃく》＝1.82 m、半間＝3尺＝91cm

④ よく用いられる面積の単位

1坪（つぼ）＝1間×1間＝3.3058 ㎡（1 ㎡＝0.3025 坪）

⑤ 所要時間の計算

道路距離 80 m＝1分（1分未満は切り上げ）

⑥ 区分所有建物（マンション等）の専有面積の考え方

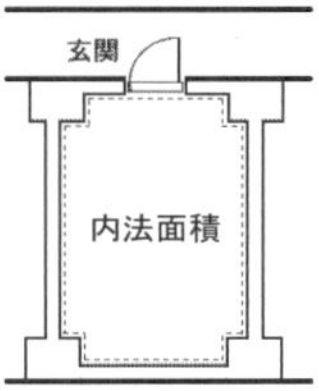	・内法《うちのり》面積とは、壁で囲まれた部分の面積を測ったものです。 ・専有部分の登記面積であり、住宅ローン控除などの軽減措置を受ける際の面積要件でもあります。
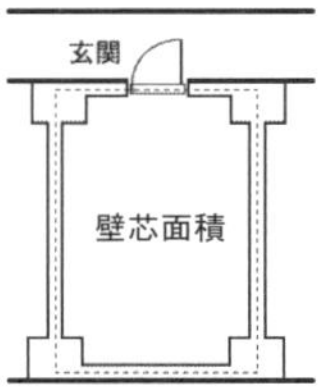	・壁芯《へきしん》面積とは、壁の中心線によって囲まれている部分の面積を測ったものです。 ・主に新築分譲時のパンフレットや広告などに掲載される“専有面積”に用いられています。

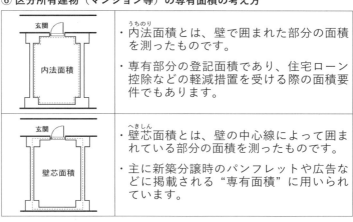

3 案内に向けて準備すること

下見した物件の中から実際に現地案内をする物件の絞り込みをしたら、売主（他社の媒介物件などの場合は元付業者）へ連絡をして、日程の調整や鍵などの手配について確認します。中古住宅のように売主が居住中である場合には、売主の在宅の都合を確認します。

特に、**他社の媒介物件の場合、売主に対する調査を入念に行っておく**と、案内をしたときの営業トークに広がりを持つことができますので、可能な限りの情報収集に努めるべきだと思います。

例えば、案内の際に予想されるお客様からの質問事項や、今後、話を進めていく上で問題点になりそうなことについて事前の打診をするなどの対策を講じておくとよいでしょう。

また、案内物件の資料だけでなく、周辺環境が分かるような地図などを用意するとともに、近隣の物件資料も持参して、ほかの物件への振替案内にも対応できるようにしておくことが早期成約を実現するための営業テクニックです。

なお、新築住宅や中古の空家物件などでは現地にスリッパなどが備え付けられていない場合もありますので忘れずに用意をしておきましょう。

案内のときに役立つ情報

(1) なぜ売却するのか？　また、買替えか否か（買替えの場合、買替え先が決まっているかどうか）。

(2) 契約および引渡しの時期は融通がきくかどうか（買替え先との日程調整が必要かどうかなど）。

(3) 売主などが居住中である中古物件の場合、退去予定日などは決まっているのか。

(4) 売買価格の交渉は可能かどうか（可能としたら、どの程度可能なのか）。

(5) 新築の場合、オプションのサービスがあるのか？

《案内のときに持参すると便利なもの》

販売図面	コンパス	メジャー
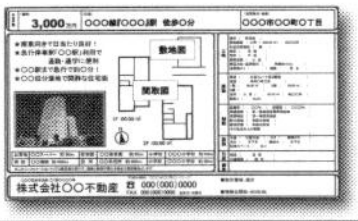		
周辺地図	**スリッパ**	**タブレット・ノートPC**
		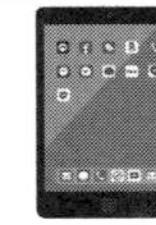

現地で、より多くの情報をお客様へ提供するには、画面の大きい「タブレット」や「ノートPC」を持参すると便利です！

見学中、お客様が寸法などの気になることを自由に書き込みできるような、大きめの間取り図を用意しておくと、喜ばれるでしょう。

4 現地案内の効果を高めるには？

客付業務における現地案内とは、お客様が契約に至るまでの欠かせない重要な業務のひとつですから、営業担当者は効果的な現地案内の実践を常に意識することが大切です。

ⓐ 案内する物件数

現地案内をする場合、お客様の希望条件を十分に考慮して、せいぜい**3物件程度に絞り込むように**しましょう。なぜなら、一度に多くの物件を案内しても、お客様自身で十分な比較検討、選択ができるとは限らないからです。

ⓑ 案内する物件の順番

現地案内をするときには、案内する物件の順番もよく考えておきましょう。なぜなら、購入するか否かの判断をするとき、その物の絶対的な価値から判断するのは難しいものですが、何かと比較したときの価値を判断することは比較的容易にできることから、多くの人が最初に見た物件と次に見る物件を比べて価値をはかろうとする傾向にあるからです。

現地案内での効果的なセールストーク

現地案内では、お客様が気づいていない物件の魅力に「**気づき**」を与え、そのことに「**共感**」してもらうことが、購買ニーズを引き出すことにつながります。そして、このような営業に役立つのが「**応酬話法**」です。

応酬話法にはさまざまなものがありますが、代表的なものをご紹介します。

（1） Yes, But 法

最初に相手の意見を受け入れて、相手に安心感を与えてから自分の意見を述べることで、相手の“共感”を得やすくする話法です。

（例）　お客様：この物件、少し価格が高くない？
　　　　営　業：確かに建物のグレードだけを見れば**そうかもしれません。しかし、**この立地条件を考慮しますと、他の物件と比べてみても、適正な価格水準ではないかと思います。

（2） 例話法（Yes, If 法）

「例えば、○○だとしたらいかがですか？」というように問いかけることで、相手が認識していない潜在的な部分に“気づき”を与えたり、具体的なイメージを持たせたりすることで購買につなげる話法です。

（3） ブーメラン話法

相手が否定的な言葉を発したときに、「（相手の否定的な言葉）だからこそ、○○なんです」という返しで、こちらの話に興味を持ってもらう話法です。

（例）　お客様：敷延の物件って、通路部分がもったいない気がする……。
　　　　営　業：確かに、そう思われるかもしれませんが、通路部分がある**からこそ**、同じ価格帯の物件に比べて、間取りに余裕が生まれるんです。

応酬話法のポイントは、こちらの意見に相手の共感が得られること！自分を正当化させるために相手の意見（価値観）を否定するのは、やめましょう。

5 案内をしている時に心がけること

案内の準備が整ったら、お客様を現地へ案内しましょう。現地の見学をしている間、営業車を駐車する場合は、ほかの交通の妨げにならないように注意してください。

なお、現地で見る物件は、あくまでも「商品」ですから、傷をつけたり汚したりしないよう注意を払うことが大切です。また、新築物件や空き家の場合、見学後に窓の閉め忘れや電気の消し忘れなどがないよう注意が必要です。

現地案内をするときには、**物件情報のみならず、周辺環境などの情報を積極的に提供することを**心がけるとよいでしょう。なぜなら、お客様が住宅の購入を決断しようとするとき、必ずしも物件情報のみを基準に判断しているわけではないからです。

周辺や生活環境、交通の利便性なども、購入するかどうかを決断する上で重要な情報ですから、積極的に伝えることが現地案内の効果を高めることにつながります。

現地案内では、その物件を購入した後の暮らしぶりについて、お客様自身で具体的なイメージを持つことができるようにすることが物件の評価につながります。

住宅を購入する際のポイントは?

お客様は、必ずしも物件情報のみを期待しているわけではないようです。

●住宅を「購入する」際に重視するポイントは何ですか？（3つまで選択可）

N＝5003

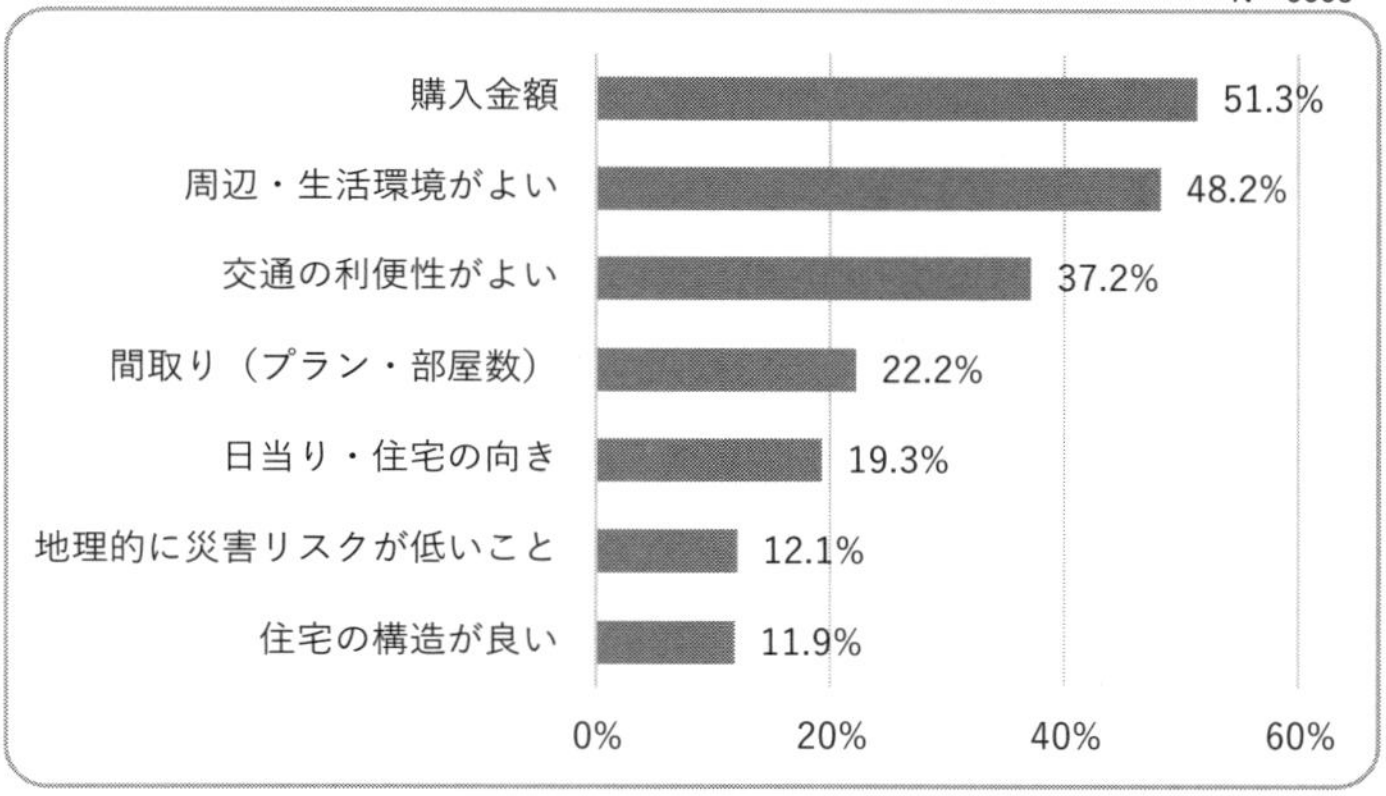

※ 全国宅地建物取引業協会連合会「2024住宅居住白書」より

CHECK 見学時の基本マナー

現地を見学している時、直接売主に対して価格などの契約条件の交渉を行ってはなりません。

それらは、あくまでも書面（購入申込書）にて行うようにします。

ただし、売主しか知らない情報（普段の買い物先や周辺住民の様子、治安の状況など）については、お客様から直接、売主へ積極的に質問をしてもらうようにしましょう。

6 案内が終わったら物件の評価を確認しよう

案内が終わったら、現地でお客様と別れるのではなく、なるべく事務所（店舗）まで一緒に戻ることを心がけましょう。事務所に戻ってから改めて案内した物件についての感想や評価を聞きながら、次のステップ（購入の申込み）へお客様を促すことが重要なのです。

もしも、案内した物件の中で気に入ったものがなければ、問題点を整理した上で、再び物件検索を行うところからやり直します。

また、気に入った物件があったにもかかわらず、一度見ただけでは購入を決断できないという場合もありますので、その時には再案内ができるよう速やかに手配をします。

なお、**案内した物件についての明確な結論を得ていない状況の中で、さらに新たな物件を紹介（または案内）するのは、お客様の選択（決断）を今以上に難しいものにしてしまう**おそれが十分にあるため、避けたほうが賢明です。

また、売主（または元付業者）へは、購入の申し込みをする場合に限らず、購入を見送る場合であっても、案内の結果について速やかに報告することが大切です。

評価をしやすくするコツ

お客様の取捨選択を容易にするポイントは、比較するための対立軸を提案してあげることです。

複数の要素を一度に比較して選択するのは難しいものですが、１つの基準で選択することは簡単です。

例えば……

以下のようなカテゴリーを作り、優先順位を付けてもらいましょう。

① 予算

② 物件（間取りなど）

③ 環境（立地条件など）

①〜③のカテゴリー別に、検討中の物件をそれぞれ評価してもらいます。

上記カテゴリーの中で、お客様が、自分の力で変えられないものは「③環境」です。どうしても評価に迷われたときは、そのような視点を提案してみては？

7 決断を促すクロージングでのポイント

クロージングとは、営業担当者が提案してきたものに対してお客様に最終的な決断をしてもらい、次のステップ（契約）に進んでもらうことを意味しています。

つまり、**クロージングとは、今までの営業活動に対して、お客様の評価を得る作業**なのであって、決して「買わせる」「買ってもらう」ための営業活動ではないのです。

なお、クロージングにおいては、お客様が妥当な理由もなく決断を遅らせたり、不必要な条件交渉を持ちかけたりすることが決して珍しくありません。また、営業担当者からの提案のすべてに満足しているにもかかわらず、すぐに決断をしてくれない場合もあります。

こうしたお客様のためらいや迷いは、一般的に高額なものとなる不動産取引において、ある意味、自然なことですから、このようなとき、安易に営業担当者のほうから決断を促すための譲歩（例えば、求められている以上のさらなる値引き交渉を持ちかけたり、仲介手数料の減額を申し出たりすること）は行うべきではありません。それよりも、お客様の心理状況を冷静に分析しながら、焦らず丁寧な対応を心がけることのほうが大切です。

決断へのプロセス

お客様がなかなか決断できないときは、
その理由を分析して、有効な対策を考えましょう！

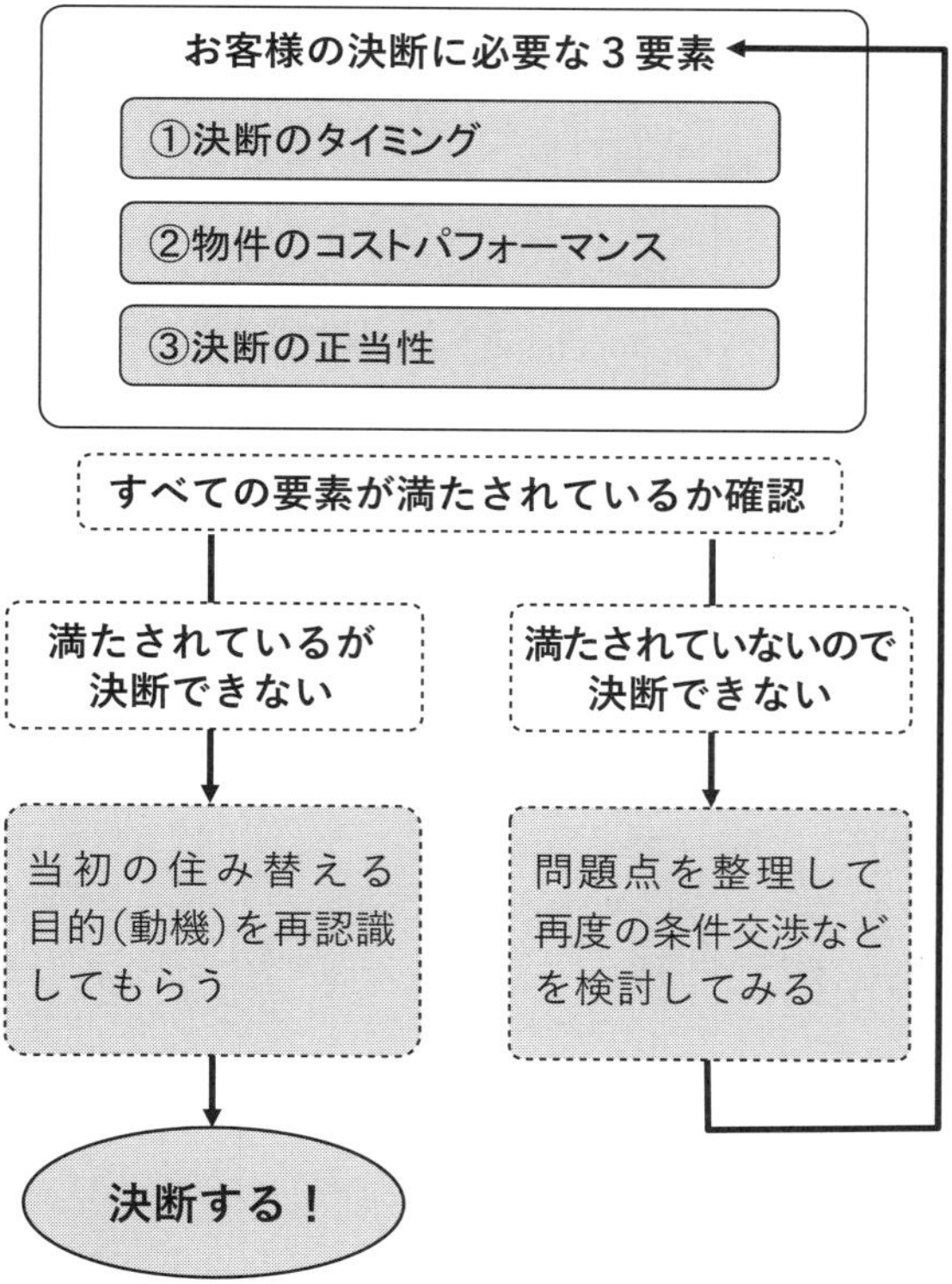

お客様の決断に必要な3要素
①決断のタイミング
②物件のコストパフォーマンス
③決断の正当性
すべての要素が満たされているか確認
満たされているが決断できない
満たされていないので決断できない
当初の住み替える目的（動機）を再認識してもらう
問題点を整理して再度の条件交渉などを検討してみる
決断する！

お客様が決断をためらう理由を冷静に分析して、お客様が抱えている問題点や不安点を一緒に解決していくことが大切です！

8 購入に向けた申込みの取得

クロージングによってお客様の決断が得られたら、売主に対する購入の意思表示と購入に向けた条件交渉をするため、売主へ購入の申込みを行います。実務では、トラブルを防止するため、書面（いわゆる「購入申込書」）をもって行うのが一般的です。

「購入申込書」については、特に定められた様式があるわけではないので、各社それぞれ独自のものを使っているのが実情ですが、最低限の記載事項として、①お客様の氏名および住所、②売買希望価格、③支払条件として代金の支払時期および支払方法など、④ローン特約を契約に付帯する場合の住宅ローンの利用有無と借入予定額、⑤契約内容として契約希望日や引渡し希望日、⑥目的物件の特定、⑦そのほかに希望する取引条件、などについて明記しておくのが一般的です。

なお、**売主が宅建業者で、買主が宅建業者でない場合、その取引には宅建業法に規定する8種制限が適用される**ため、お客様から購入申込みを受ける場合には注意が必要です。例えば、新築分譲住宅を現地販売するためにテント張りの案内所を設け、その場で見学者から購入の申込みを受けた場合、クーリング・オフ制度の適用を受けることになります。

宅建業者が売主となる場合の制限（8種制限）

①	自己の所有に属しない物件の売買契約の制限	「他人物（他人に所有権がある）」「未完成物件」は、原則、売買（予約）契約を締結してはいけない。 ＜例外＞ イ）他人物でも取得（予約）契約を締結している ロ）未完成物件でも手付金等の保全措置を講じている（または講じる必要がない）とき
②	クーリング・オフ制度	事務所等以外の場所で「買受けの申込み」または「売買契約の締結」をした者は、一定期間内において、申込みの撤回または契約の解除をすることができる。
③	損害賠償額の予定等の制限	損害賠償の額を予定し、または違約金を定めるとき、これらの合算額が代金の2割を超えてはいけない。
④	手付の額等の制限	手付は解約手付とし、手付の額は代金の2割を超えてはいけない。
⑤	担保責任についての特約の制限	担保責任（契約不適合責任）の通知期間を「引渡し日から2年以上とする特約」を除き、民法の規定より買主に不利となる特約をしてはいけない。
⑥	手付金等の保全措置	手付金等の額が一定額以下の場合を除き、保全措置を講じた後でなければ受領してはいけない。
⑦	割賦販売契約の解除等の制限	支払い義務が履行されない場合、相当の期間を定めて書面で催告した後でなければ契約解除できない。
⑧	所有権留保等の禁止	売主は、割賦販売をする際、原則、物件を引き渡すまでに所有権を買主へ移転しなければならない。

●申込みの場所と契約締結の場所が異なるとき

申込みの場所	契約締結の場所	クーリング・オフ
事務所等	事務所等以外	できない
事務所等以外	事務所等	できる

ここで判断！

※　事務所等には、売主（宅建業者）から媒介・代理の依頼を受けた宅建業者の事務所等を含みます。

●以下のいずれかに該当した場合、買主はクーリング・オフできなくなります。

イ）クーリング・オフができる旨等の通知を書面で告げられた日から8日を経過

ロ）物件の引渡しを受け、かつ、代金の全額を支払った

第6節　媒介契約の締結と建物状況調査の実施

1　媒介契約とは

宅建業者がお客様からの依頼に基づき売買または交換の契約成立に向けた業務を行うにあたって、その業務範囲や報酬に関することと宅建業者の義務などについて明確な取決めをしておかなければ、お客様との間で不要なトラブルを招くおそれがあります。そこで、媒介契約の明確化、書面化を宅建業者へ義務付けた媒介契約制度があるのです。

媒介契約には「一般媒介契約」、「専任媒介契約」、「専属専任媒介契約」の3種類があり、お客様と依頼を受ける宅建業者のそれぞれに対して類型別に異なる義務を課しています。

購入希望者（買主となろうとする者）との間では、国土交通省が策定した「宅地建物取引業法の解釈・運用の考え方（以下「ガイドライン」といいます）」にて「売買の相手方との交渉」を行う前に媒介契約の締結を行うものとしていることから、実務では、**取引条件などを明記した購入申込書などを取得する時点で媒介契約の締結を行うのが望ましい**と思います。売買契約が成立したときの媒介報酬の支払いについて、購入希望者の承諾を得ておくことが重要ですから、遅くとも、売買契約が締結される前に媒介契約を締結しておきましょう。

媒介契約の類型

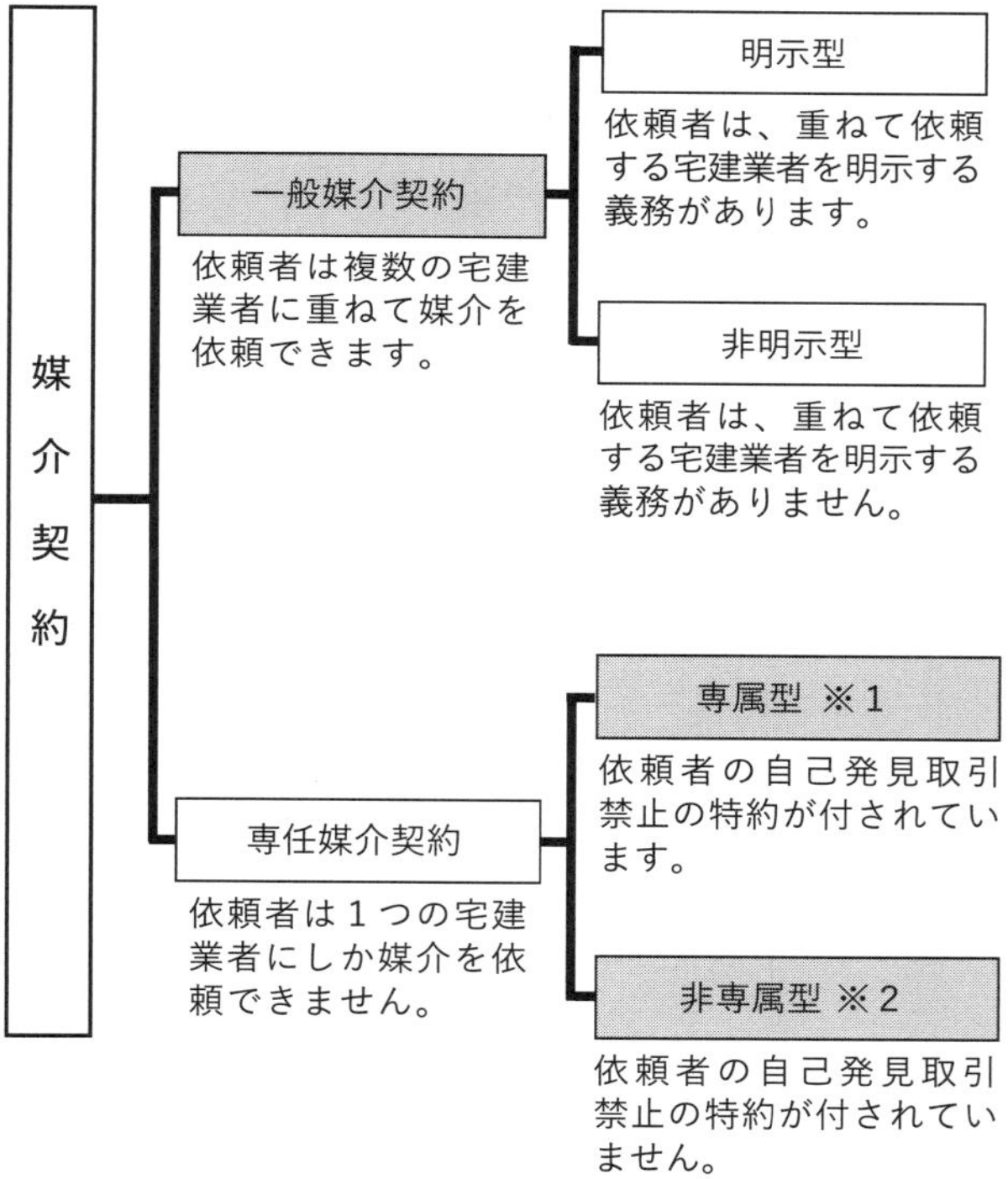

媒介契約
一般媒介契約
依頼者は複数の宅建業者に重ねて媒介を依頼できます。
明示型
依頼者は、重ねて依頼する宅建業者を明示する義務があります。
非明示型
依頼者は、重ねて依頼する宅建業者を明示する義務がありません。
専任媒介契約
依頼者は１つの宅建業者にしか媒介を依頼できません。
専属型　※１
依頼者の自己発見取引禁止の特約が付されています。
非専属型　※２
依頼者の自己発見取引禁止の特約が付されていません。

※１　専 属 型・・・通常は「専属専任媒介契約」と呼びます。
※２　非専属型・・・通常は「専任媒介契約」と呼びます。

媒介契約は、私たち宅建業者が媒介業務を行うにあたり、お客様と直接に契約する重要なものです。

2　建物状況調査のあっせんの有無について

購入を検討している**物件が中古住宅である場合**、宅建業者は、お客様と媒介契約を締結する前に建物状況調査の制度概要について説明を行った上で、調査が行える専門家のあっせんを行うかどうか**（＝あっせんの有無）と、あっせんをしない場合にはその理由**（例えば、「甲（＝媒介契約上の依頼者）が、建物状況調査を実施する者のあっせんを希望しないため」など）**を媒介契約書に記載しなければなりません。**

建物状況調査の対象となる中古住宅とは、戸建住宅や共同住宅（マンションやアパートなどの賃貸住宅も含む）であり、店舗や事務所などは対象外となります。

なお、建物の所有者（例えば売主）によって、すでに建物状況調査が実施されている物件であっても、建物状況調査の制度概要を購入希望者へ説明をした上で、あっせんの有無を媒介契約書に記載する必要があります。

また、物件が築10年以内であり、新築時の住宅瑕疵担保責任保険の期間内である場合でも、保険上の住宅取得者を変更できるかどうかにかかわらず、建物状況調査を実施する者のあっせんの有無について媒介契約書へ記載しなければなりません。

媒介契約締結までの流れ

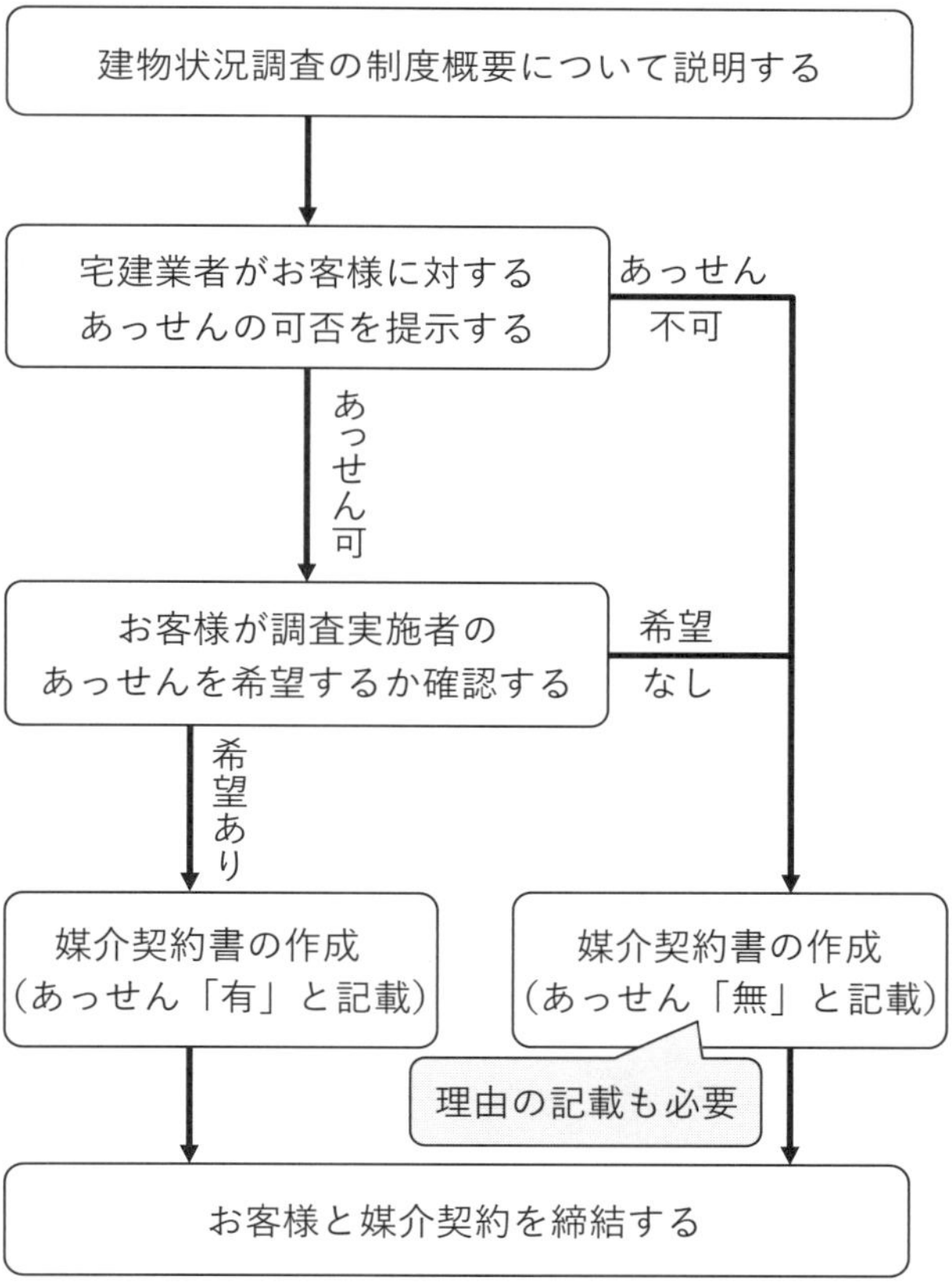
建物状況調査の制度概要について説明する
宅建業者がお客様に対するあっせんの可否を提示する
あっせん不可
あっせん可
お客様が調査実施者のあっせんを希望するか確認する
希望なし
希望あり
媒介契約書の作成（あっせん「有」と記載）
媒介契約書の作成（あっせん「無」と記載）
理由の記載も必要
お客様と媒介契約を締結する

建物状況調査の対象は、中古の戸建住宅や共同住宅（マンションやアパートなど）であり、店舗や事務所は対象外です！

3　建物状況調査とは

建物状況調査とは、「既存住宅状況調査技術者（一定の資格を有する建築士）」が国の定める既存住宅状況調査方法基準に従って行う中古住宅に対する調査を意味します。

⒜　建物状況調査の対象となる建物とは

中古の住宅（人の居住の用に供した住宅、または建設工事完了の日から1年を経過した住宅のいずれか）です。「住宅」とは、不動産登記上の用途ではなく、使用の実態に基づいて、人の居住の用に供する家屋に該当するものが対象となります。また、家屋のうち店舗などの非居住用部分と共用の玄関や通路なども「住宅」に該当します。

⒝　調査対象部位

建物状況調査の対象部位は、「建物の構造上主要な部分」および「雨水の浸入を防止する部分」であり、基礎や外壁などの部位毎に生じているひび割れや、雨漏りなどの劣化・不具合の有無などを、目視・計測などによって調査します。

建物状況調査の対象部位

【木造（在来軸組工法）の戸建住宅の例】

≪2 階建ての場合の骨組（小屋根、軸組、床組）等の構成≫

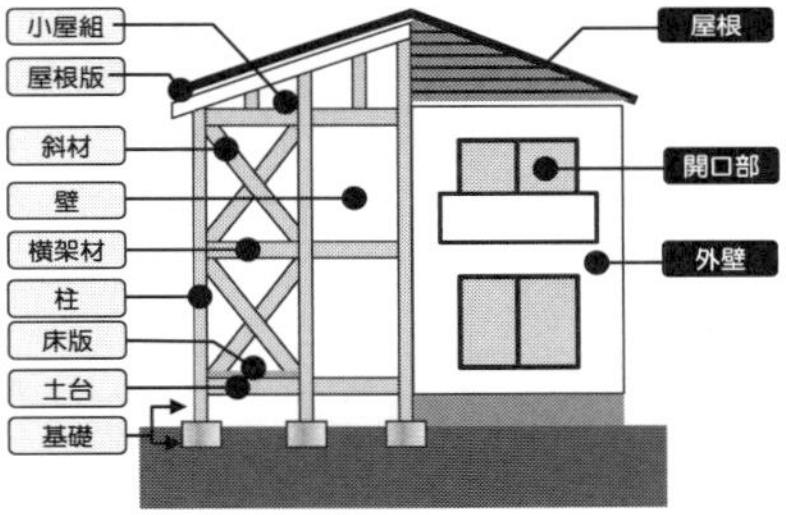

【鉄筋コンクリート造（壁式工法）の共同住宅の例】

≪2 階建ての場合の骨組（壁、床組）等の構成≫

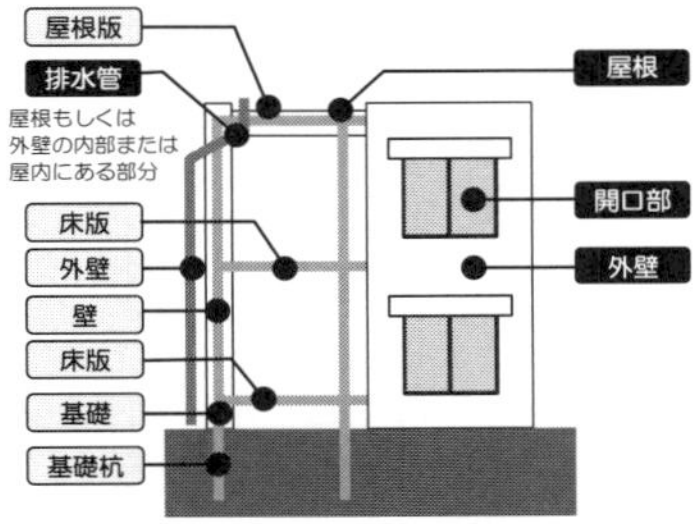

□…構造耐力上主要な部分　■…雨水の浸入を防止する部分

- 給排水管路や給排水設備についてのオプション調査等を依頼する場合を除き、建物状況調査を実施する者によって調査対象部位が異なることはありません。
- マンションの建物状況調査では、１棟全体を対象とする「住棟型」と、住戸を対象とする「住戸型」がありますが、いずれの場合も共用部分の調査が行われます。

建物状況調査とは、建物に欠陥がないことを保証するものではありません。あくまでも「目視の範囲」で現状を確認するものです。

4 「あっせん」をするときの注意点

宅建業者があっせんをする専門家は、国の登録を受けた既存住宅状況調査技術者講習を修了した建築士（これを「既存住宅状況調査技術者」といいます）であり、建築士法に基づく建築士事務所登録を受けている建築士事務所に所属する建築士、または登録を受けている建築士事務所でなければなりません。また、調査の対象建物が建築士（一級、二級、木造）として設計を行うことのできる建物の範囲であることも条件になります。

既存住宅状況調査技術者講習を実施している各機関のホームページでは、既存住宅状況調査技術者が地域などから検索できるようになっているので、お客様から専門家のあっせんを希望された場合は、最寄りの地域で活動されている専門家をここから探してみるといいでしょう。

なお、**実務において宅建業者がお客様へ専門家をあっせんする場合**には、専門家の連絡先などの情報を提供するだけではなく、実際に調査費用の見積りをとったり、調査の実施に向けた日程の調整など**具体的なやりとりが行えるように手配をしたりしなければなりません。**

既存住宅状況調査技術者講習の実施機関

講習実施機関の名称
一般社団法人　住宅瑕疵担保責任保険協会
公益社団法人　日本建築士会連合会
一般社団法人　全日本ハウスインスペクター協会
一般社団法人　日本木造住宅産業協会
一般社団法人　日本建築士事務所協会連合会

（令和６年12月現在）

CHECK　建物状況調査の主なメリットと問題点

<メリット>

- 購入時のリフォームの必要性の判断や、費用の見積りが立てやすい（価格交渉の参考になる）。
- 購入後の修繕計画が立てやすい。
- 不具合が見つかった場合、専門家から修繕に関するアドバイスを受けられる。

<問題点>

- 調査費用がかかる（一般に5万～10万円程度）。
- 目視や計測、打音検査などによる調査のため、壁の中や床下など見えない部分の劣化状況を把握することは困難（隠れた瑕疵がないことを保証するものではない）。
- 売買契約にて、引渡し後の物件に欠陥等が見つかった場合に売主が修補する責任（＝売主の担保責任）を負うものとしている場合、建物状況調査では、その調査結果に関係なく修補にかかる費用への保証が得られない。

5 既存住宅売買瑕疵《かし》保険について

既存住宅売買瑕疵保険とは、売買された中古住宅に欠陥が見つかった場合に、その修補などにかかる費用に対して保険金が支払われるものです。

この保険は、売買契約を締結してから引渡しを受けるまでの間に加入することができるもので、①宅建業者販売タイプと、②個人間売買タイプに大別され、さらに個人間売買タイプには「検査事業者保証型」と「仲介事業者保証型」の2種類があり、それぞれ仕組みや加入手続きなどが異なります。

保険の対象となる建物は、昭和56年（1981年）6月1日以降の耐震基準（いわゆる「新耐震基準」）に適合している（新耐震基準に適合するよう引渡し前までに耐震改修工事が実施された住宅を含む）など一定の要件を満たす中古住宅が対象であり、耐震基準への適合性については確認済証、または検査済証などの書類をもとに判定されます。

保険の対象部位は、住宅の基本構造部分（構造耐力上主要な部分、および雨水の浸入を防止する部分）であり、建物検査の結果、劣化事象がないなど一定の要件を満たす場合、保険に加入することができます。

既存住宅売買瑕疵保険の仕組み

≪個人間売買タイプ（検査事業者保証型）≫

売主または買主（予定者を含む）から検査・保証依頼を受けた検査機関が保険に加入をして修補などの保証を行います。

対　　象	①修補費用、②調査費用、③仮住居・転居費用等		
保険期間※	住宅引渡し日から１年、２年または５年		
保険金額※	500 万円または 1,000 万円		
填 補 率	100%	免責金額	原則５万円
費　　用	個々の保険法人が設定		

※ 保険商品によって異なります。

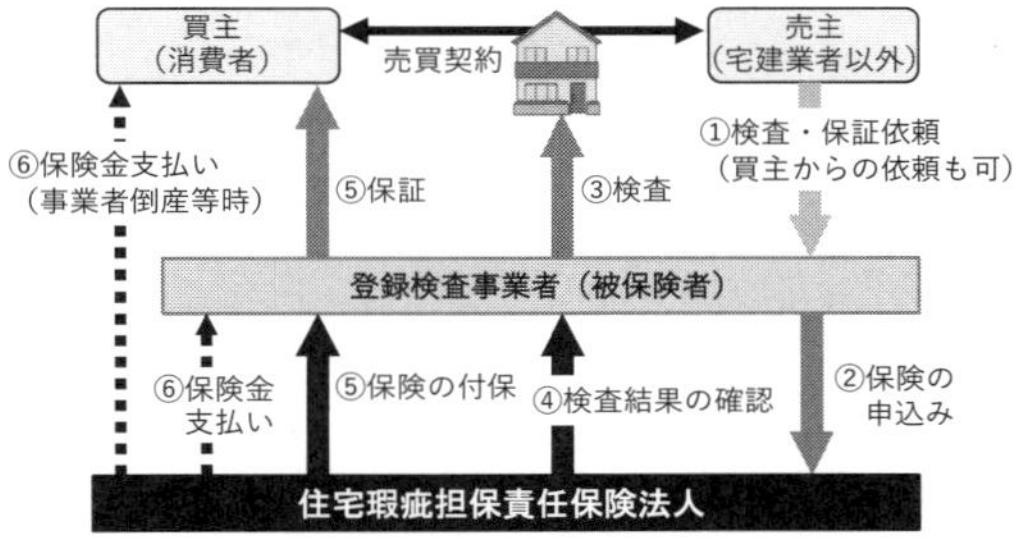

CHECK　瑕疵保険加入のメリットと注意点

＜メリット＞

- 引渡し後に隠れた瑕疵（雨漏りなど）が見つかった場合、検査事業者などが保証してくれるので安心。
- 保証を約定していた検査事業者などが倒産した場合、買主は直接保険法人へ保険金を請求できるので安心。

＜注意点＞

- 売買契約締結後、引渡しまでの間に保険申込みが必要。

お客様が保険加入を希望している場合、既存住宅状況調査技術者で、かつ、住宅瑕疵担保責任保険法人の登録検査事業者でもあるものをあっせんしましょう。

6 購入希望者による建物状況調査の実施について

ⓐ 建物所有者の承諾

購入希望者が建物状況調査を実施しようとする場合、通常は売買契約の締結前（もしくは所有権の移転前）に調査を行うことになるため、あらかじめ建物所有者の承諾を得る必要があります。承諾が得られない場合、購入希望者からの要望があっても調査はできません。

ⓑ 調査結果の取扱いについて

調査を実施した建築士が作成する「建物状況調査の結果の概要（重要事項説明用）」および「建物状況調査報告書」は、調査を依頼した者へ渡されることになります。つまり、購入希望者が調査を依頼した場合、その報告書は、建物所有者ではなく、購入希望者へ渡されることになるのです。このことから、調査結果を受けて購入を取りやめることになったり、住宅ローン特約などにより売買契約が解除されたりした場合、調査報告書の所持（保管）をどうするのかといった問題が生じることが考えられます。そこで、あらかじめ建物所有者と購入希望者との間でこのような場合の協議をしておくことが望ましいでしょう。

購入検討者による建物状況調査実施の流れ

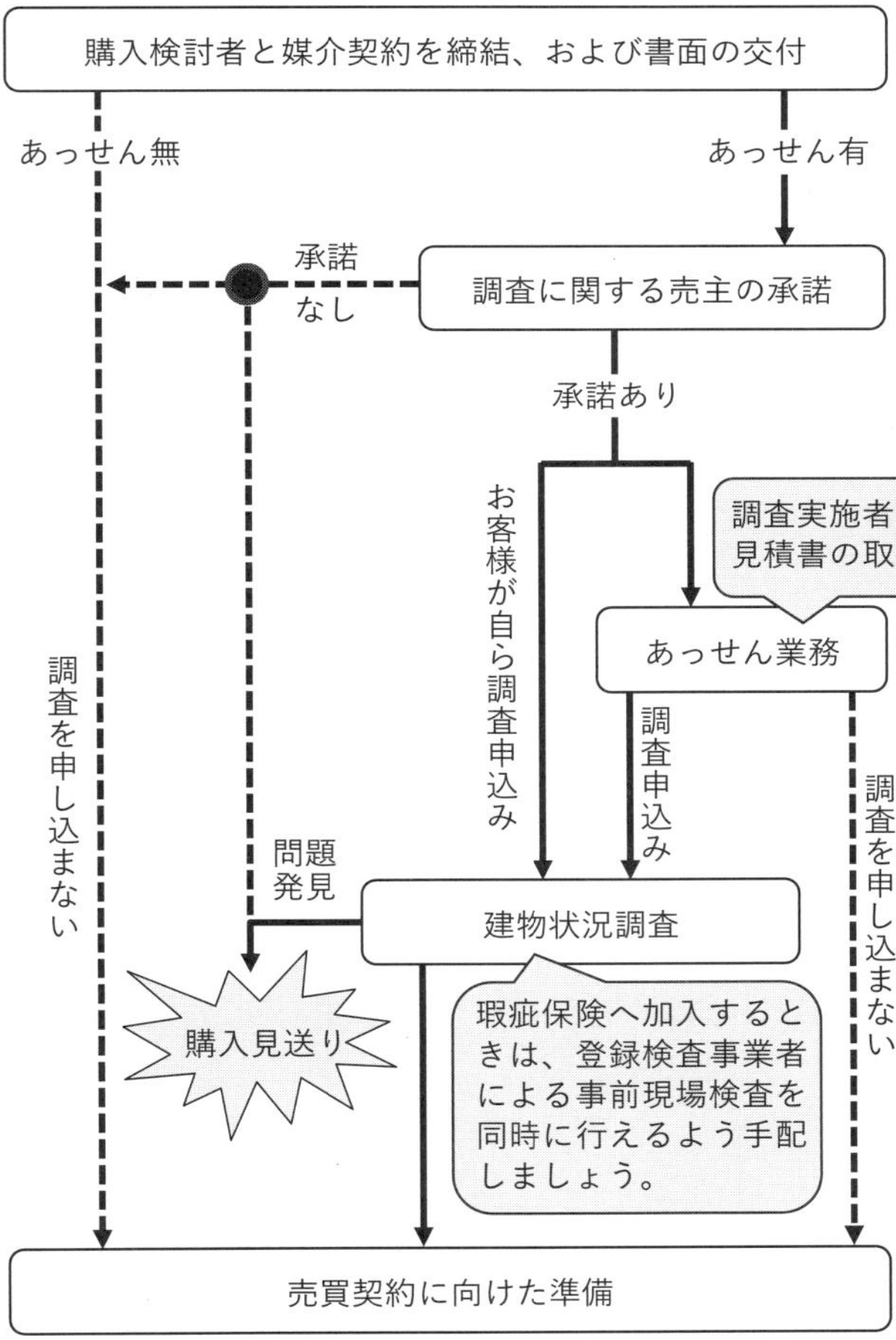

column 6

「申込証拠金」や「予約金」って……「手付金」と同じ？

結論からいうと、「申込証拠金」や「予約金」と「手付金」は、異なるものです。

通常の媒介業務ではあまり馴染みのないものですが、購入の申込をする際に「申込証拠金」や「予約金」といった名目で、買主が売主に対して金銭を支払う場合があります。

これらの金銭は、購入申込順位の確保や購入意思の確認を目的として授受される金銭と解されていますので、いわゆる「手付金」とは異なる扱いになります。

そして、申込証拠金などは、通常、契約が成立した時点で手付金の一部に充当されます。

もしも契約が不成立のときは、その時点で買主へ返還されます。

一方の「手付金」はというと、これは“契約を解除するためのお金”です（売買代金の一部としての「頭金」ではありません）。

手付金とは、当事者間で特段の定めをしない限り、原則として契約の相手方が契約の履行に着手するまでの間、相互に契約の解除権を留保し、手付金をもって解除することができるという趣旨で授受される金銭のことを指しています。

そして、一般的な売買契約では、残代金支払時に売買代金の一部に充当されるものとしています。

第3章

売却依頼に基づく業務（元付業務）

第1節　売物件の募集から受付業務

1　物集チラシを使った集客活動

元付業務は、「不動産を売りたい」というお客様を見つけること（これを「物上《ぶつあ》げ」と呼んだりしています）から始まりますが、いきなりお客様から売却の相談や依頼を受けるのは難しいものです。そこで、まずは**無料の査定依頼を受ける形でお客様との接点を持ち、査定業務を通して信頼関係を築いた後に媒介の依頼を受けるのが一般的な手法**となります。査定とは、お客様が売出価格を決定するための目安となる妥当な価格を提案することです。

査定依頼の募集は、折込チラシや宅配チラシ（これを「物集《ぶっしゅう》チラシ」などと呼びます）、会社のホームページなどを使って行うのが一般的ですが、その際、単に「査定をしませんか？」といったような広告では、なかなか思うような集客ができないと思います。少しでも反響数を増やそうと思えば、お客様が自宅などの売却を考えるときに抱えるであろう、さまざまな不安や迷いへの対応策などを訴えかけるような広告を意識してみるといいでしょう。

広告を作るときの基本は、**ターゲットを明確にすること、具体的でわかりやすい表現**を用いること、**次の行動を促すメッセージ**を入れておくことです。

効果が期待できる広告作成のポイント

パターン1　実際に物件を探している人がいることを具体的に伝える。

例えば、「○○地域で、予算○○万円まで、４ＬＤＫの一戸建住宅を探しています」など、実際に物件を探している人がいることを具体的に広告すると、売却を検討している（あるいは迷っている）お客様には効果的なアピールとなるでしょう。

パターン2　売主となることで生じる負担、不安の解決策を提案する。

例えば、物件の状態を調査する「建物状況調査」の実施や、検査と保証がセットになった「既存住宅売買瑕疵保険」への加入により、売主の契約不適合責任に対する経済的な負担軽減を図ったり、瑕疵保険による保証付き中古住宅として商品価値を上げたりするといった提案が、効果的なアピールとなるでしょう。

なぜなら、個人の売主では品質に対する保証を行うのが難しいことから、買主との間で価格交渉となったときに立場が弱く、また一般的な取引では、売却した後も売主は一定期間、契約不適合責任を負わなければなりませんので、経済的な負担が生じることを不安に思う方がいらっしゃるからです。

お客様からの問合せを増やすには、「売主が抱える不安」（高く売れるのか？売った後の責任は？など）に対して具体的に応えることがポイントです！

2 売却を希望するお客様の受付とその注意点

受付業務は、売却の相談もしくは依頼を受け付ける業務で、宅建業者が今後の媒介業務を行う上での重要な情報を収集することが目的となります。

この**受付業務では、売却をしようとする理由について慎重に聞き取ることが大切**です。なぜなら、その理由のいかんによっては今後の取引に支障をきたすことが考えられるからです。例えば、売却する住宅に重大な不具合や欠陥などがある場合や、売主が経済的に困窮している場合（自己破産のおそれ）には、取引そのものに限らず、取引成立後に至るまで重大な影響を及ぼすことが考えられるので、そのような問題がないかどうか、しっかりとヒアリングすることが重要です。

なお、一般的に不動産取引は高額となるため、売却時にかかる税金についての質問や相談を受ける場合もありますが、このようなときは一般的な税務知識の提供にとどめるようにしましょう。個別事案（例えば、税務上の特例措置の適用可否など）に対する断定的な判断は行わず、お客様から具体的なアドバイスなどを求められた場合は、お客様自身で管轄する税務署に確認をしてもらうか、税理士を紹介するといった対応を心がけてください。

受付業務の主な流れ

お客様カードを使って基本情報を確認する

① お客様の基本情報
（氏名・住所・連絡先・年齢・家族構成
現在の居住形態・勤務先・勤続年数
年収など）
② 売却理由（動機・目的）　**特に重要！**
③ 売却する物件の概要
（物件種別・所在・面積・間取り・築年
交通・現在の使用状況など）
④ 買換えの有無と資金計画
（住宅ローン残高の有無と残債額・
買換え充当金の有無と予定額など）
⑤ 売却物件を取得した経緯
（取得原因・取得価格・取得時期など）
⑥ 希望条件
（売却希望価格・引渡しの希望時期
査定実施希望の有無など）
⑦ その他、相談事項

↓

売却に至るまでの流れを説明する

↓

**今後の連絡方法を確認してから、
査定のための訪問日時を約束する**

所有する物件を売るには、必ず何らかの理由があるはずです。取引の安全を確保するため「なぜ売るのか？」を必ずヒアリングしましょう！

3　買換えの場合には売り先行か買い先行か？

お客様が自宅の買換えを希望している場合、売却と購入を同時に行えることが理想なのですが、取引の条件や契約のタイミングなどを調整することは意外と難しいものです。

そこで、スムーズな買換えを実現するために、今の自宅の売却を先に進めるのか（これを「売り先行」といいます）、それとも買換え先の購入を先に進めるのか（これを「買い先行」といいます）といったことを、受付のときにしっかりと話し合っておく必要があります。

例えば、景気の低迷により中古住宅の流通市場が活発でないような時期に買換えをする場合で、自己資金の一部に買換え充当金を予定しているならば、買換え先が見つからないことによる仮住まいのリスクが生じるものの、資金調達を確実なものにすることを優先させたほうがよいので、売りを先行させるのが一般的です。

逆に、景気が良く流通市場での取引が活発に行われているような時期や、人気の高い地域や特定の物件などへの買換えを希望している場合には、希望条件に近い形での住み替えを実現するために買いを先行させるものです。

「売り先行」と「買い先行」

	売り先行	買い先行
取引の流れ	売却活動を先に行い、売却の目処がついてから買換え先となる物件の検索を始める方法です。	買換え先の物件検索を優先させ、買換え先に目処がついてから、今の住まいを売却する方法です。
メリット	● 売却価格が確定するので買換えに向けた資金計画が立てやすくなります。 ● 焦らずに売却活動ができます（売り急ぐ必要がない）。	● 欲しい物件が見つかるまで、焦らずに購入物件を探すことができます。 ● 新居へ引っ越して今の住まいを空家にすれば、販売方法が多様化します。
デメリット	● 今の住まいを引き渡すまでに買換え先が見つからない場合、仮住まいになります。 ● 仮住まいになると引越費用がかさみ、暮らしへの負担も増します。	● 売却ができない場合、買換え先の分と合わせた二重ローンになる可能性があります。 ● 売却時期や価格が未定なので、資金計画が狂うこともあります。
選択の基準	● 景気が悪いことから物件価格が下落傾向にあるとき。 ● 中古住宅の流通市場が低迷しているとき。	● 景気が良いことから物件価格が上昇傾向にあるとき。 ● 中古住宅の流通市場がおおむね活発なとき。 ● 住み替えたい物件が、限定されているとき。

4 売却の場合でも資金計画を確認しよう

売主が売却物件に対する住宅ローンを返済中である場合や、買換えを希望している場合には、受付のときに資金繰り（＝資金計画）の確認をしておくことも重要です。

通常、住宅ローンを返済中の自宅などを売却しようとする場合、借入金を完済して売却物件に設定されている抵当権などの担保権を抹消する必要があります。

例えば、抵当権を抹消するには、原則として借入金の全額を返済することが条件となるため、一般的には売却代金の一部から返済を賄うことになりますが、万一、借入金の残高が売買代金を上回る場合（これを「債務超過」といいます）、超過した分についての資金調達が可能かどうかを売主へ確認しなければなりません。もしも資金調達が不可能となれば、通常の媒介による売却は諦めてもらうことになります。

また、買換えの場合には買換え充当金がいくらぐらいになるのかと、売主の手元に資金が入る時期を確認する必要があります。もしも買換え先の購入代金支払い時期までに買換え充当金の調達が難しいような場合には「つなぎ融資」などを検討してみましょう。

買換え時の資金問題を解決するには?

《買換えローン》

自宅を売却しても返済中の住宅ローンが残ってしまう場合（債務超過の状態）、新しく購入する物件の費用と合わせて、今の住宅ローンの返済費用も融資してくれるローンです。

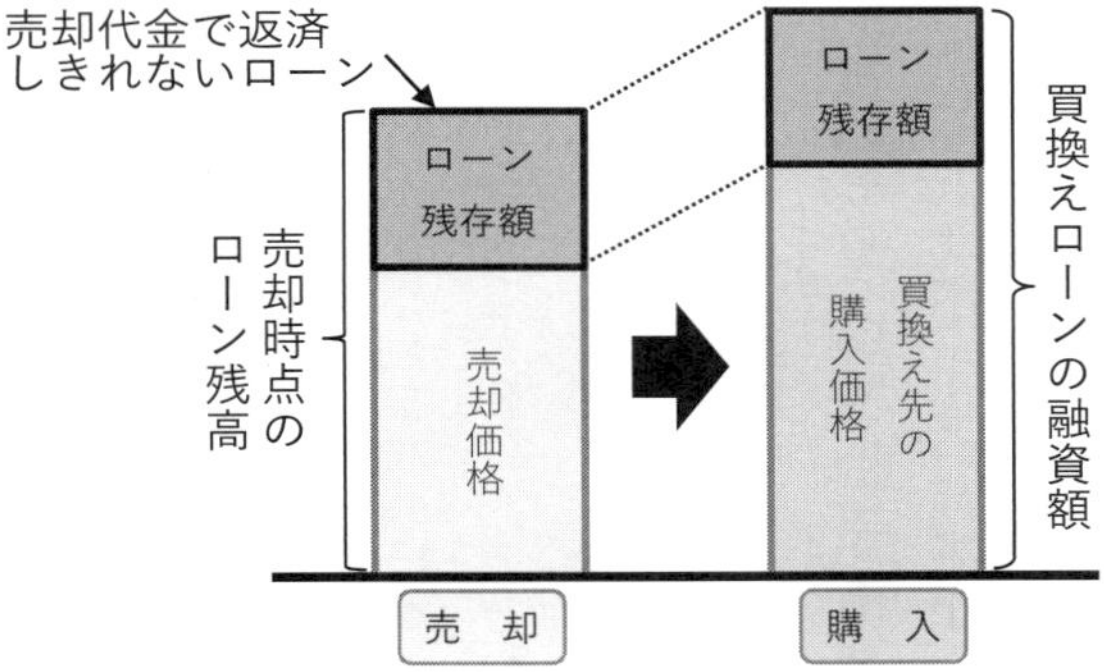

《つなぎ融資》

買換え先の残代金支払いが、自宅を売却したときの代金受領よりも先に来てしまう場合など、一時的な資金不足を解消するために利用するローンです。

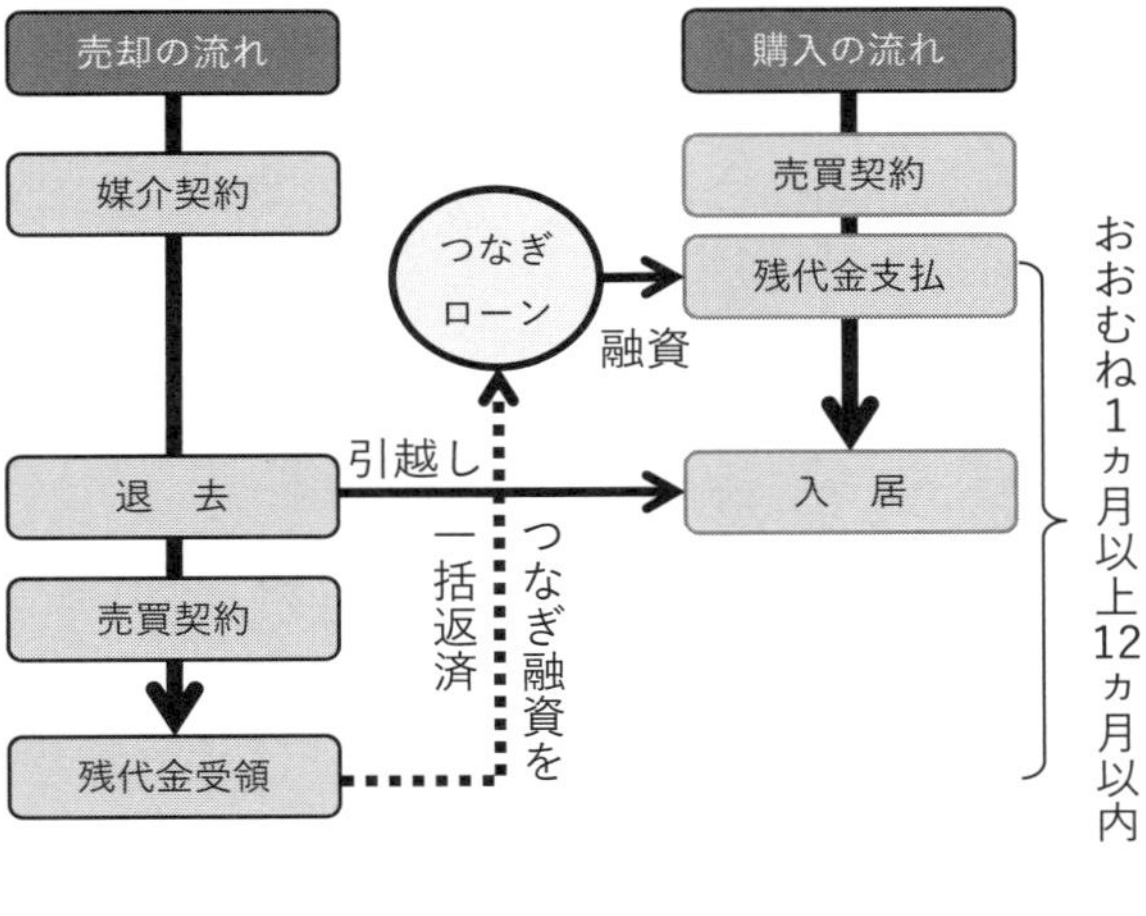

第2節　売却物件の調査

1　物件調査の目的と調査の流れ

不動産には、一見しただけではわからない問題点や利用上の制限などを抱えている場合があります。そこで、お客様が安心して取引に参加できるようにすることと、取引そのものを安全なものにすることを目的として物件調査を行います。

調査する内容は多岐にわたりますので、チェックシートなどを作成して、調査漏れを防止するための十分な準備をすることが大切です。特に、個人が売主となる中古住宅の場合は、物件の所有者からの情報が十分に得られないことも珍しくはないので、**調査をする者が疑問を持ち、自ら積極的に質問をしていくことが重要**になります。また、対象物件だけではなく、隣接する不動産や近隣に至るまで、広い視野を持って調査にあたることも大切です。

なお、物件を調査する場合、その調査先（調査項目）は大きく5つに分類することができますが（左ページ参照）、それぞれの調査先で入手した資料などは必ずしも正しく物件の現状を指し示しているとは限りませんので、必ず現地にて資料との照合作業を行い、矛盾点や疑問点がないかどうかを確認してください。

物件調査の流れ

調査内容のすべてに整合性がとれるまで、
関係先を行き来しながらしっかりと調査を行いましょう！

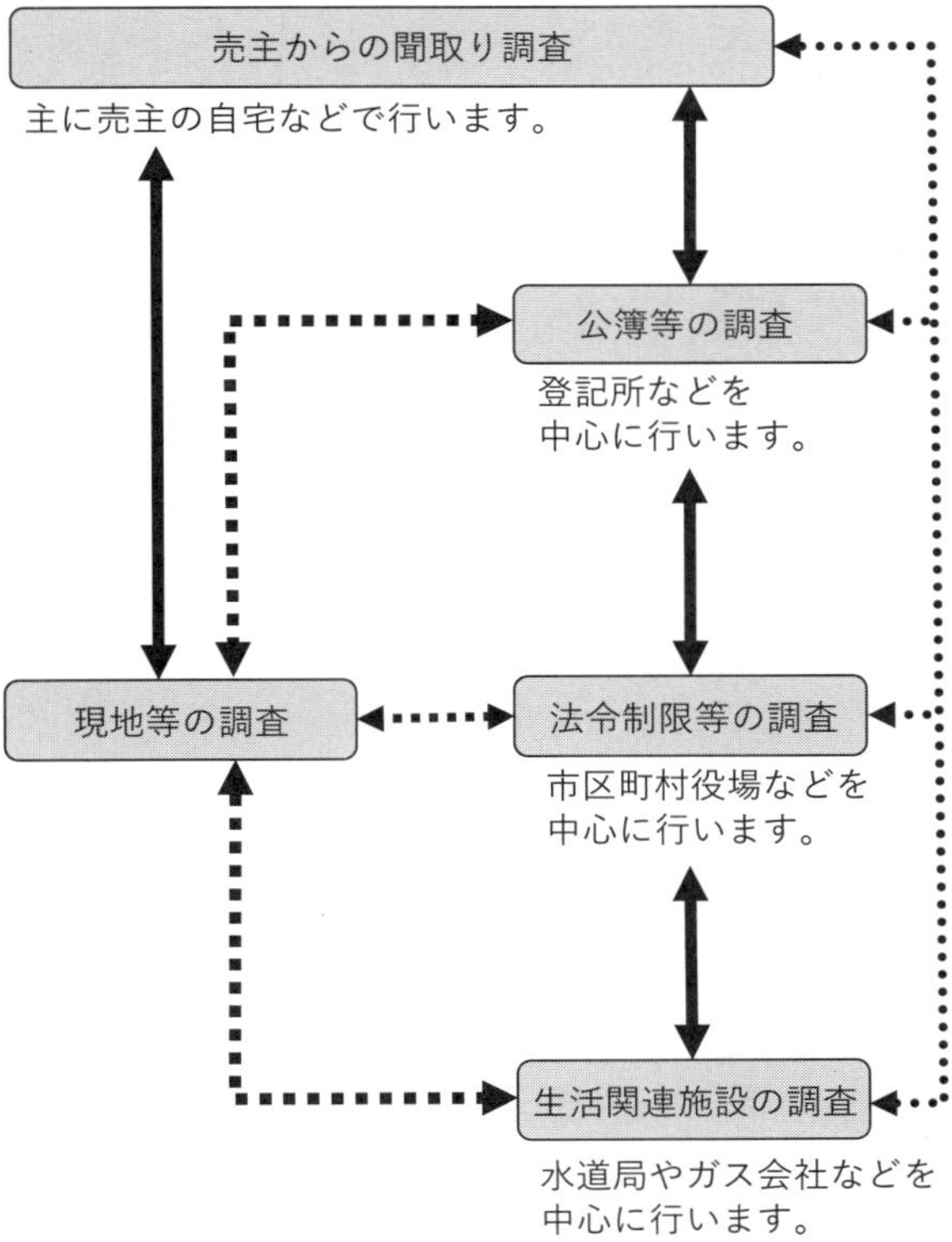
売主からの聞取り調査
主に売主の自宅などで行います。
公簿等の調査
登記所などを中心に行います。
現地等の調査
法令制限等の調査
市区町村役場などを中心に行います。
生活関連施設の調査
水道局やガス会社などを中心に行います。

物件調査のポイントは２つ！①自らの質問で情報を得ること、②収集した調査結果の整合性を確認することです。

2　物件を特定するための表示

土地は一筆（いっぴつ、ひとふで）ごとに「地番《ちばん》」が、建物は一個ごとに「家屋番号」が、それぞれ登記所によって付されています。したがって、取引の対象となる物件は、土地の場合は土地の所在および地番、建物の場合は建物の所在地と家屋番号によってそれぞれ特定することができます。

一方、これとは別に物件の場所を特定するものとして「住居表示」があります。住居表示とは、「住居表示に関する法律」に基づき市町村が定めるもので、建物に番号を付けることで所在地を表しています。都市部で積極的に実施されているもので、郵便の宛先など「日常生活における住所」として幅広く利用されています。

住居表示の実施されている地域では、多くの場所で住居表示と地番が異なるため、物件調査をする際は、登記所に備え付けられている地図（または公図《こうず》）と住宅地図を重ね合わせることで調査対象となる不動産の位置を特定して、土地の地番や家屋番号を確認するようにします。なお、住居表示が実施されていない地域では住所を表すときに地番が利用されていますが、この場合も、地図（または公図）から物件を正しく特定することが肝心です。

地番・家屋番号・住居表示の関係

下図のような物件の場合、建物を基準とする住居表示では
正しく売買の目的物を特定できません。

住居表示		山川町3丁目8番12号
土地	所在	山川町3丁目
	地番	123番4、および123番5
	備考	2筆の土地を一画地として利用中
建物	所在地	山川町3丁目123番地4
	家屋番号	123番4

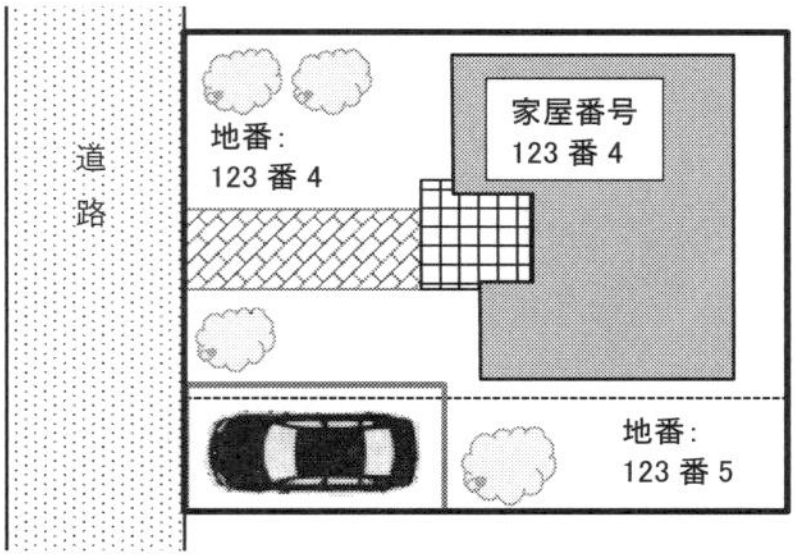

住居表示の実施地区においては、
下図のような住居表示板を設置しています。

《住居表示を示す表示板》

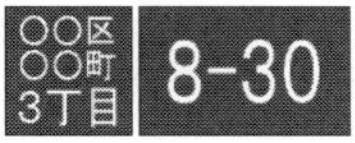

町名板と住居番号板

←街区表示板

建物を基準とする住居表示だけでは、取引の目的となる個々の不動産を正確に特定することができません。

3 売主からの聞取り調査

売主からの聞取り調査は、**売主（依頼主）と物件所有者の関係、不動産の概要、相隣関係、売却にあたっての希望条件などを確認することが主な目的**となります。

特に、権利主体（売主と所有者の関係など）と売却理由の確認は、慎重に行うことが大切です。また、売主でしか知り得ない情報の聴取と資料などの取得、買主となろうとする者への告知が必要な事項の有無、およびその内容についても確認をしましょう。

調査する主な資料としては、①登記済権利証（または登記識別情報通知書、登記完了証）、②印鑑登録証明書（住民票）、③登記事項証明書、④固定資産税納税通知書、⑤身分証明書（運転免許証など）、⑥購入時の売買契約書、⑦各種覚書、などが挙げられます。

なお、複数の所有者が存在する物件（共有財産）の場合には、共有者全員の意思確認が必要となりますので、本当に所有者全員がその物件を売却することに同意しているのか否かについて、一人一人面談した上で、身元確認も含めた調査をすることが肝心です。安易な思い込みによってこの確認作業を怠ると、他人物売買などのトラブルを招きかねませんので注意が必要です。

依頼者本人（売主）の確認方法

関係資料の照合と本人へのヒアリングなどから、総合的に媒介の依頼者（売主）がその不動産の「真の所有者」であるかどうかを判断しましょう。

CHECK 1　関係資料の確認

① 登記識別情報（通知書）あるいは登記済権利証を所持しているか？
② 登記記録と登記識別情報あるいは登記済権利証の名義人氏名、住所に相違がないか？
③ 登記名義人と印鑑登録証明書（住民票）の氏名、住所に相違がないか？
④ 固定資産税等の納税通知書に記載された納税者の氏名、住所と売主の氏名、住所に相違がないか？
⑤ 運転免許証やマイナンバーカードなどから売主本人に相違がないか？

各資料で確認した売主の氏名、住所に相違点がある場合は、その理由を確認するとともに、必要な資料を依頼者へ追加で請求しましょう。

CHECK 2　依頼者本人へのヒアリング

① 売却する不動産は、どのような経緯で取得したのか？
（売買、交換、相続など）
② 取得時の契約書や領収書などを所持しているか？
③ 取得時に問題行為（例えば、詐欺など）がなかったか？
（特に取得後、短期間で売却するときなど）
④ 本人に行為能力があるか、あるいは無権代理人が関係していないか？
⑤ 売却の理由は？（経済的な問題や瑕疵などの問題がないか）
⑥ 本人居住中であれば、最寄り駅までの所要時間など、日常生活に関すること

相続により取得した物件の相続登記が未了の場合は、被相続人の戸籍謄本や遺産分割協議書などから「真の所有者が誰なのか」を必ず確認しましょう！

4 登記識別情報（登記済権利証）について

売主が真の所有者か否かを確認する代表的な資料として、「登記識別情報（通知書）」、あるいは「登記済権利証」があります（以下「権利証」といいます）。

平成17年3月7日に施行された改正・不動産登記法により、従来の登記済権利証に代わるものとして「登記識別情報」が登記官から登記申請者に通知されることになったため、売主が物件を取得した時期によって所持するものが異なりますから、注意してください。

権利証には、①登記名義人となった者に交付される、②紛失などしても再交付（再通知）されることがない、③記載（通知）内容に変更が生じても修正されない、といった特徴があります。したがって、物件の特定をする場合、不動産登記簿と照合して確認をする必要があります（詳しくは「**第3章　第2節　売却物件の調査　14　登記事項証明書と権利証の照合**」を参照してください）。

なお、**不動産を売却するには、原則として、権利証と売主の実印および印鑑登録証明書が必要**になるので、紛失してしまっていたり、登記識別情報の通知を希望しない旨の申し出をして当初から登記識別情報がなかったりするときは、①事前通知制度、②資格者による本人確認制度、のいずれかの方法で対処する必要があります。

分筆された土地を売買するとき

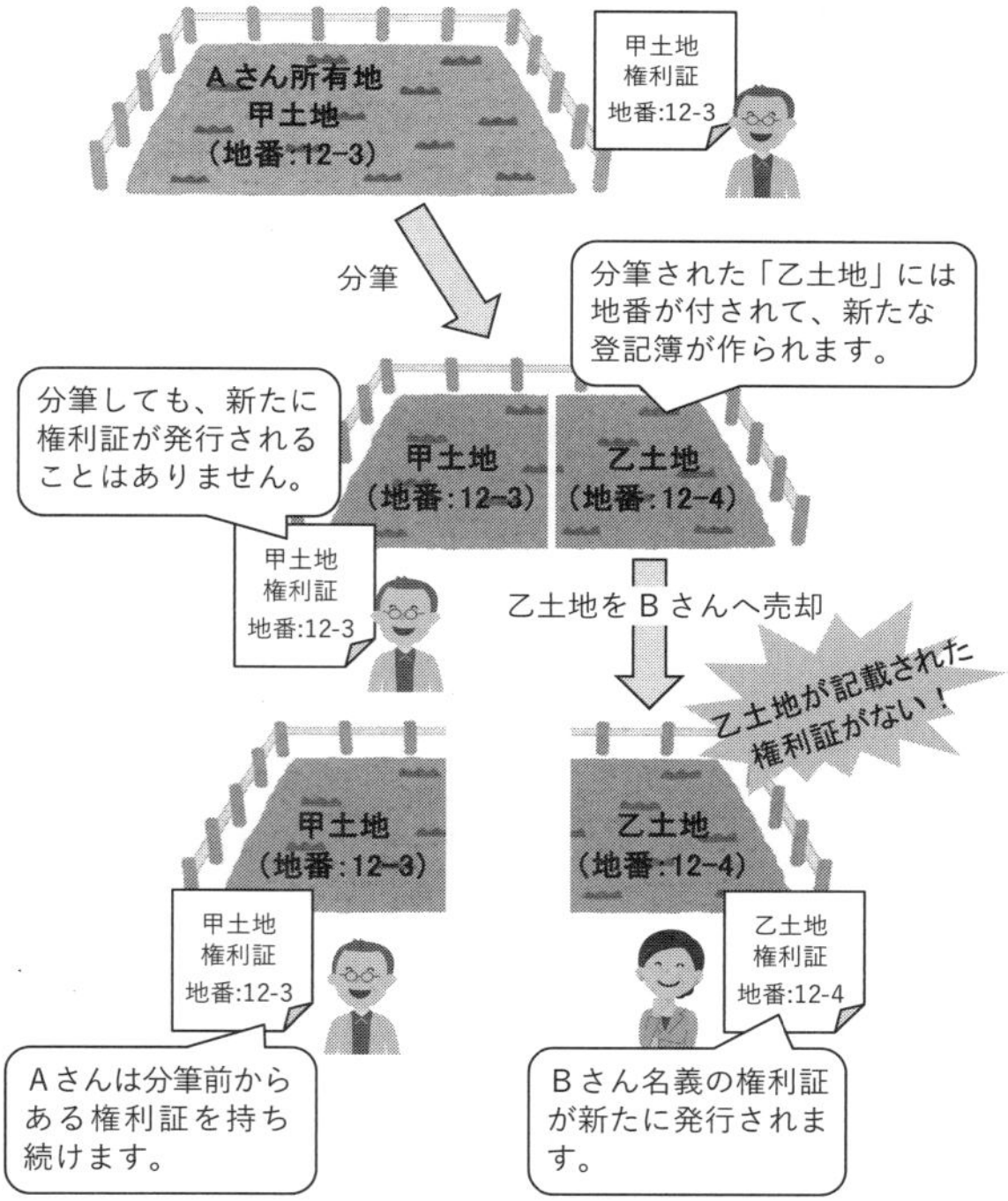

乙土地（地番 12-4）をＢさんへ売却するときは、分筆前からある権利証（地番 12-3 の土地が記載されたもの）を使って売買することになるため、分筆によって新たに作成された乙土地の不動産登記簿に登記された内容としっかり照合して、売買の目的物を特定する必要があります。

権利証に記載された不動産の表示と売買の目的物の表示が必ずしも一致しているとは限りません！必ず、現地にて物件の位置を確認しましょう。

5　書類の保存状況に関する調査について

宅建業者は、**調査の対象物件が中古住宅の場合**、売主などに対して、①建築基準法に規定する確認の申請書、確認済証および検査済証、②建物状況調査の結果報告書、③既存住宅に係る建設住宅性能評価書、④定期調査報告書、⑤新耐震基準等に適合することが確認できる書類のそれぞれについて、その保存状況の照会を行わなければなりません。また、⑥耐震診断結果の記録（建物が旧耐震基準の場合）と⑦石綿使用調査結果の記録についても、その有無を確認して、記録があるときはその内容を調査しておく必要があります。

なお、中古マンションの場合は、売主だけでなく、必要に応じて管理組合や管理の委託を受けている管理会社などにも確認を行う必要があります。

調査の結果、書類の有無が判明しない場合は、その照会をもって調査義務を果たしたことになりますが、本来あるべき書類がない場合には、「なぜ無いのか？」その理由を確認しておきましょう。

また、いずれの書類も重要な内容が記録されたものですから、可能であれば、売主の了承を得た上で写しを取得しておいたほうがいいと思います。

中古住宅を売買するときに確認すべき書類

中古住宅の場合は①～⑦、それ以外の**既存建物**（店舗や工場など）については、①⑥⑦の書類の有無を確認しましょう。

①	**新築及び増改築時の建築確認の申請書、確認済証および検査済証** 売主等が確認済証・検査済証を紛失している場合、市町村役場の担当窓口（建築指導課など）で「台帳記載事項証明書」の有無を確認してみましょう。
②	**建物状況調査の結果報告書** 過去に宅建業法が規定する建物状況調査を実施している場合は、調査報告書の有無を確認します。
③	**既存住宅に係る建設住宅性能評価書** 住宅品質確保促進法に基づく建設住宅性能評価を受けている場合は、その評価書の有無を確認します。
④	**定期調査報告書・定期検査報告書**　※ 建築基準法第12条1項の規定による特定建築物である場合、定期調査報告書の有無を確認します。 建物自体は定期調査報告の対象でない場合でも、昇降機・その他建築設備・防火設備について定期検査報告の対象となっている場合は、その報告書の有無も確認します。
⑤	**新耐震基準等に適合することが確認できる書類** 昭和56年5月31日以前に新築の工事に着手した建物である場合、昭和56年6月1日以降の耐震基準（いわゆる新耐震基準）等に適合したことが確認できる書類の有無を確認します。
⑥	**耐震診断結果の記録** 昭和56年5月31日以前に新築の工事に着手した建物で耐震診断を実施している場合、その結果の記録の有無を確認します。
⑦	**石綿使用調査結果の記録** 石綿（アスベスト）が使用されているか否かについて調査した結果が記録されている書類の有無を確認します。

※　定期調査の対象建築物、及び定期検査の対象設備は政令で一律に指定されていますが、地域の実情に応じて特定行政庁が調査及び検査対象を別に指定している場合があります。

6 現地での敷地調査

現地での敷地調査は、**物件の現況を正しく把握することと、調査の過程で収集した資料との整合性を確認することが主な目的**となります。具体的には、建築基準法に規定される接道義務への適否や敷地境界標の有無、地盤・擁壁《ようへき》などの状況、相隣関係などを中心に調査を行います。

調査する主な資料としては、①土地測量図（確定測量図・現況測量図）、②購入時の重要事項説明書、③利害関係者との確認書・承諾書、などが挙げられます。

なお、現地調査をするとき一見するだけでは判断できない部分もありますので、事前に関係書類を準備しておくか、または、改めて関係書類を用意してから再度調査に臨むなど、何度も現地へ足を運び、納得がいくまで調査を行うことが肝心です。

また、対象となる物件を第三者へ賃貸している場合には、その権利関係に関する書類をしっかりと確認してください。賃借権に基づく借地の場合、その権利関係が登記されていない場合が一般的ですから、まずは現状を実際に見て確認することはもとより、売主からの十分な聞き取り調査をし、賃貸借契約書などの関係書類を確認しておきましょう。

宅地の場合の主な敷地調査ポイント

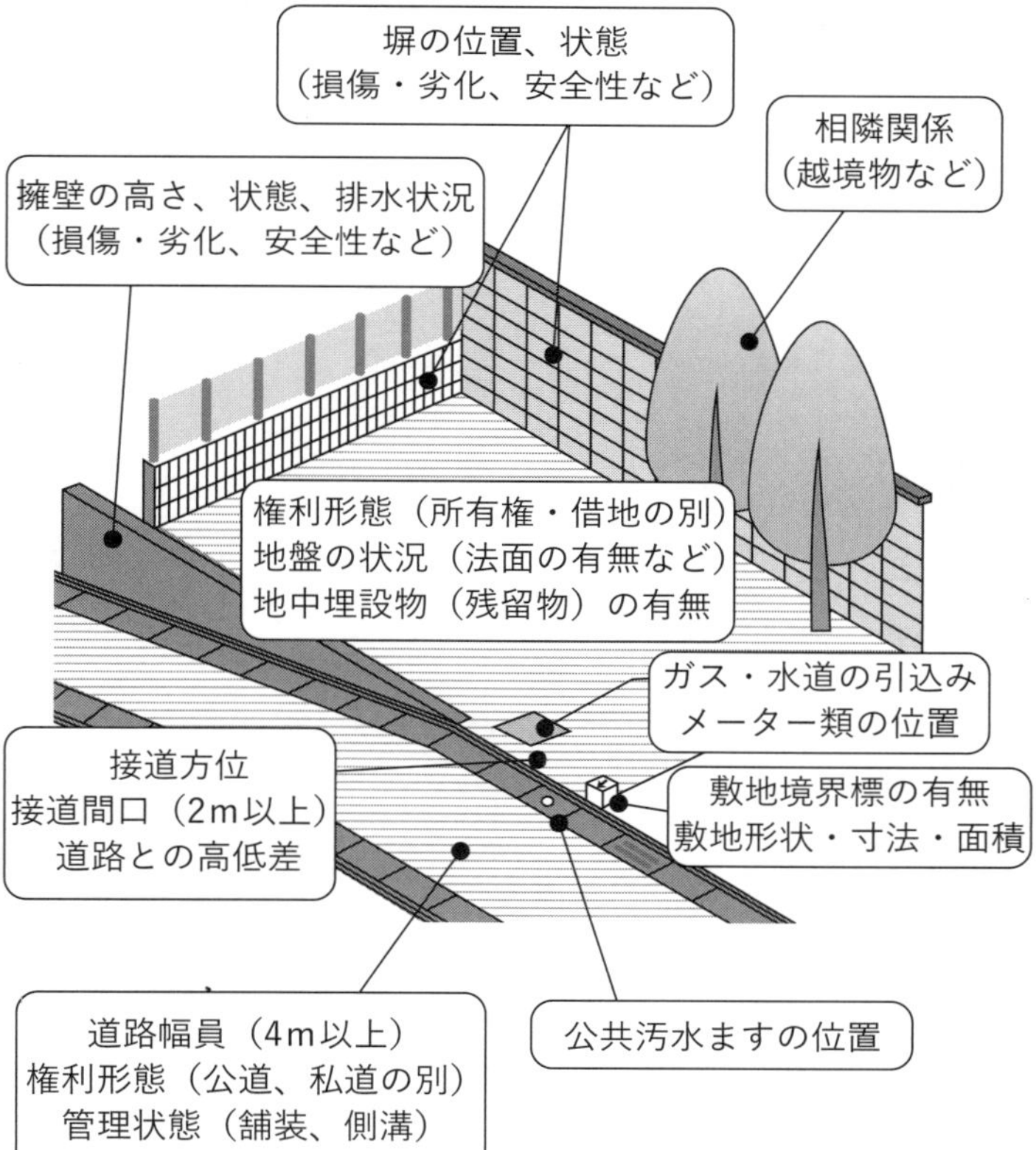

敷地調査を行うときは、道路幅員や接道間口、敷地境界標の敷設状況などを明記した「敷地説明図」などを作成しておきましょう。

7 敷地が私道に接しているとき

敷地の接する道路が公道か私道かを、売主へ確認しましょう。

私道とは、道路の形状をしているものや、他人の敷地内にある通路のような状況にあるものを指しますが、いずれにしても「私有地」であるため、敷地から公道に至る途中で私道を利用しなければならない場合は、利用上（例えば、車の通行が可能かどうか、水道やガス管などの埋設にかかる掘削工事が可能かどうかなど）の制限や、通行料、維持管理費用などの負担金の有無について調査を行う必要があります。

売主が単独で私道部分全体を所有しているのであればよいのですが、ほかに所有者がいる場合は、私道の使用（通行など）や配管のための掘削工事などに関して将来にわたり問題が起きる可能性が考えられることから、十分な調査を行う必要があります。

具体的には、ほかの私道所有者と売主との間で道路の使用などに関する契約がすでに取り交わされていれば、その内容を買主が承継できるかどうかを確認し、こうした契約がなければ、改めて契約を交わすか、通行掘削などへの承諾を得ることが可能かどうかを確認します。

敷地が私道に接している場合のポイント

《私道に対する売主の所有形態について》

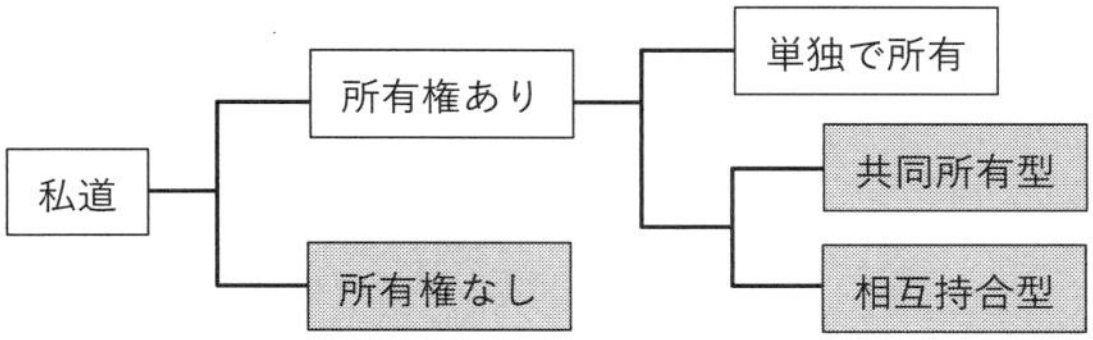

＜共同所有型の私道＞

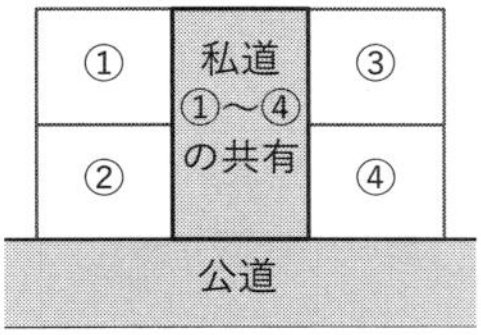

私道の共有者は、私道全体についてその持分の範囲内で使用が可能です。

＜相互持合型の私道＞

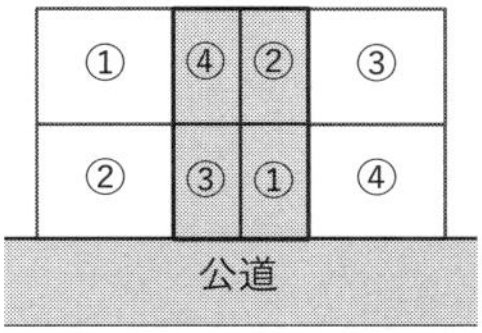

各私道所有者間で明示・黙示の通行地役権（使用する権利）を設定していると考えられています。

以下のいずれかに該当する場合を除いて、私道に所有権がなければ、原則として自由に通行することはできません。

ア．通行権なしで事実上通行している私道
（例）道路位置指定がなされ、反射的効果として通行している私道
イ．通行地役権の目的となっている私道
ウ．袋地の通行権（いわゆる「囲繞地通行権」）の目的となっている私道
エ．土地の賃貸借契約・使用貸借契約の目的となっている私道

実務では、ライフライン設置のために道路掘削をするには私道所有者全員の承諾を要するのが一般的なので、承諾の有無を確認しておくことが大切です。

8　現地での建物調査

現地での建物調査は、敷地と同様に、**物件の現況を正しく把握することと、調査の過程で収集した資料との整合性を確認することが主な目的**となります。具体的には、建物の使用状況や建築基準法への適合可否、経年劣化などにともなう損傷や不具合の有無などを中心に調査を行います。特に、中古住宅の場合、新築時には適法であっても、その後の法改正や都市計画の変更などによって現行の建築基準法に適合しなくなってしまった場合（これを「既存不適格建築物」といいます）や、建物所有者によって不当な増改築が行われたことにより建築基準法に適合しなくなってしまった場合（これを「違反建築物」といいます）もあるので、慎重に調査を行うことが求められます。

調査する主な資料としては、①確認済証（建築確認通知書）、②検査済証、③設計図書、④維持管理に関する書類、⑤購入時の重要事項説明書、⑥利害関係者との確認書・承諾書等、⑦分譲時のパンフレット、⑧管理規約・使用細則等（マンション）、などが挙げられます。

対象となる物件が第三者へ賃貸されている場合は現状を実際に見て確認した上で、売主からの十分な聞き取り調査をし、賃貸借契約書などの関係書類を確認しておきましょう。

戸建住宅の場合の主な建物調査ポイント

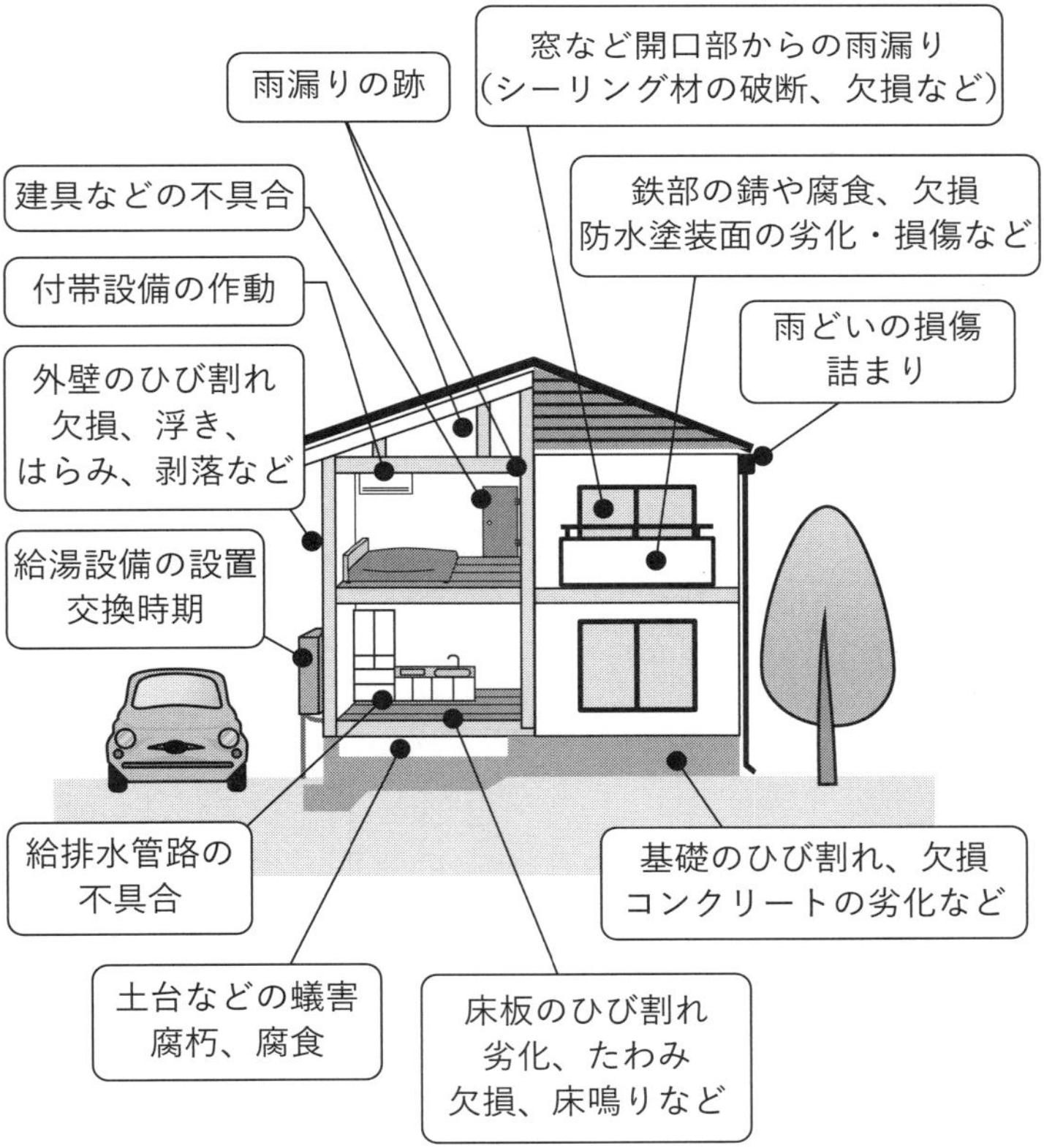

中古の戸建住宅の場合、間取り図がないこともあります。その場合、現地調査にて、方眼紙を使い、自分で書き起こすようにしましょう。

9　現地での周辺環境の調査

現地調査を行う際には、対象となる物件だけを調査するのではなく、必ず周辺環境についても調査を行うようにしましょう。

例えば、建物が建築された場合に日照や通風に影響を及ぼすことが懸念されるような近隣の空き地の有無と、そのような空き地がある場合の建築予定の有無、電波障害や建築制限を受ける可能性のある施設の有無、環境を悪化させるような建物などの有無、騒音や振動、悪臭などの公害源の有無、心理的に影響を及ぼすことが懸念されるような建物の有無などについて調査をしておきます。

また、生活環境の調査も行っておいたほうがいいと思います。

例えば、近隣地域（自治会、町内会など）での取り決め（ゴミ集積場所、自治会・町内会費）など、買主へ引き継がれることについては十分な調査を行っておくべきです。日常生活に欠かせない、買いまわり施設（スーパーや商店など）や病院、郵便局、幼稚園や保育園、小学校などの位置も確認しておくとよいでしょう。

なお、近隣でのトラブルの有無なども可能な範囲で確認をしておくとよいでしょう。

周辺環境の主な調査ポイント

心理的に影響を及ぼすことが懸念されるもの	暴力団事務所、火葬場・葬儀場、墓地、刑務所（拘置所、少年院等）　など
騒音・振動・臭気等が懸念されるもの	養豚場・鶏舎、田・畑、河川・水路、公園、学校、空港（基地・飛行場）、主要道路、バス停、鉄道、踏切、救急病院、消防署、警察署、工場、汚水処理施設、清掃工場、ゴミ置き場、ガソリンスタンド、コンビニエンスストア、ファミリーレストラン、カラオケ・パチンコなどの遊戯施設など
電波障害、建築制限等が懸念されるもの	高圧線　など

CHECK 過去の自然災害について

物件が河川や沿岸部付近にある場合や、傾斜地、がけなどが近くにある場合は、過去の自然災害による被害状況（浸水被害や土砂災害など）についても市町村役場などへの聞き取り調査をしておきましょう。

また、一般に広く情報公開されている災害に関する地図（地震被害想定・液状化マップ・活断層マップなど）を確認することは最低限行っておくべきです。

10 公簿等の調査

公簿《こうぼ》等の調査は、**取引の目的となる物件（土地・建物）の特定と、権利関係の確認をすることが主な目的**です。

「公簿」とは、戸籍簿や住民票、不動産登記簿、商業登記簿など、法令に基づいて官公署（国または地方自治体）自らが作成して常設する帳簿のことをいいますが、実際の調査では、公簿との整合性が重要なものについても幅広く調査をすることになります。

調査する主な資料としては、①不動産登記簿（取引対象物件：登記事項証明書、隣接土地：登記事項要約書）、②地図（または公図）、③地積測量図、④建物図面、⑤権利証、⑥固定資産評価証明書、⑦固定資産（補充）課税台帳、などが挙げられます。

調査をするにあたり、物件については取引の目的となる物件を取り違えることのないよう、物件の所在、形状、土地の地積、建物の床面積などの物理的状況を確認します。

権利関係では、登記名義人と売主の関係（同一人かどうか）や、買主が取得する所有権に影響を及ぼすような権利（担保権や処分制限の登記など）が記録されていないかどうかなどを確認します。

調査の対象となる主な公簿等の種類

さまざまな公簿等の中から、調査に必要と思われるものについて確認作業を行いましょう。

本人関係	住民票（住民票除票）
	戸籍謄本・戸籍の附票
	身分証明書（本籍地の市町村が発行するもの）
	後見登記等登記事項証明書
	登記されていないことの証明書
	印鑑登録証明書　※
	登記事項証明書（商業・法人関係）
	資格証明書
	固定資産評価証明書・課税台帳
権利関係	不動産登記簿謄本・抄本
	登記事項証明書・要約書
	登記済証・登記識別情報通知書　※
物件関係	不動産登記簿謄本・抄本
	登記事項証明書・要約書
	公図
	地積測量図
	建物図面
	固定資産評価証明書・課税台帳

「※」印の資料は、公簿ではありませんが、ほかの公簿との整合性が重要なものです。

11 不動産登記の効力

不動産登記の効力には「対抗力」や「公信力」などがあります。

「対抗力」とは、不動産登記を行うことで第三者に対して自分の権利を主張できることを意味し、「公信力」とは、たとえ虚偽の内容であっても不動産登記に記録されている内容を信じて取引を行った者にそれを認める、といったことを意味しています。日本では、**不動産登記について「対抗力」を認め、「公信力」を認めていません。**

そこで、登記権利者（売買であれば権利を取得する買主です）は自分の権利を守るために登記申請を行うのが一般的なのですが、一方で権利に関する登記は当事者による任意であることや、借地借家法上の借地権や建物賃借権、相隣関係上にある通行権など登記をしていなくても第三者へ対抗することができる権利もあるので、必ずしも現に存在する権利のすべてが登記されているとは限らないといった点は認識しておかなければいけません。

したがって、権利関係を調査するときは登記記録を確認するだけにとどまらず、売主からの聞取り調査をはじめ、現地を確認するなどの慎重な調査を行うことが大切です。

不動産登記の効力は?

《対抗力》

当事者間で成立した権利関係について不動産登記を行うことで、第三者に対し所有権を主張できることです。

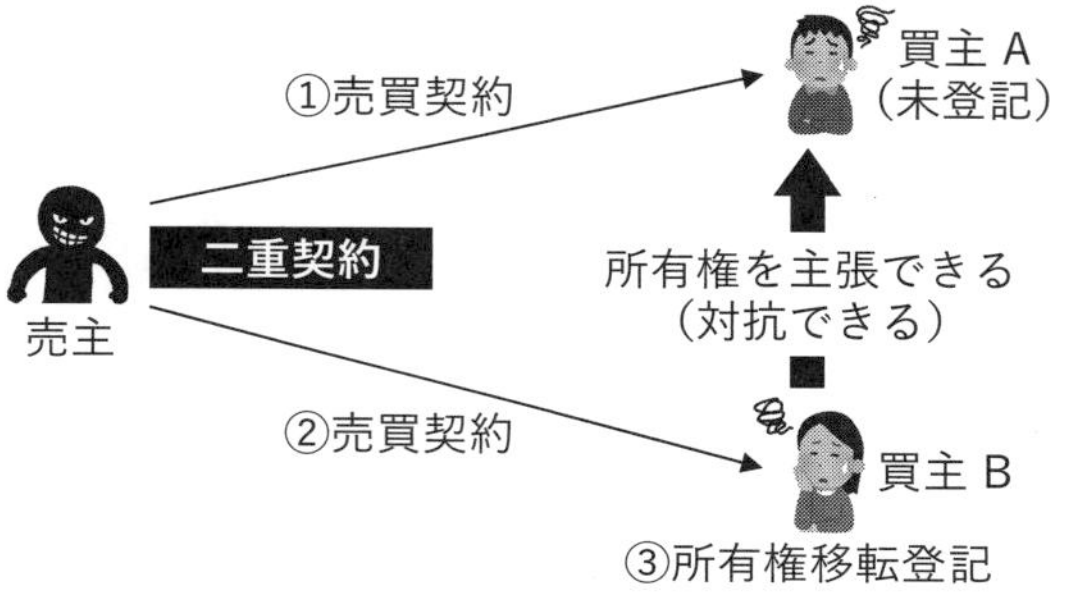

《公信力》

たとえ虚偽の内容であっても不動産登記に記録されている内容を信じて取引を行った者に、それを認めることです。

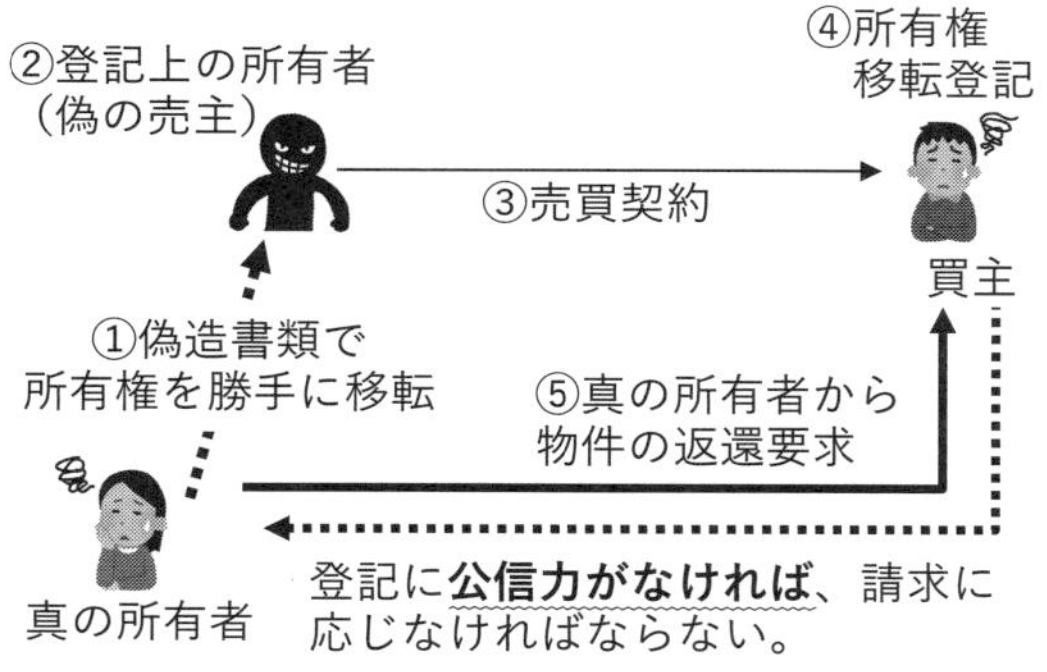

日本では、登記について「対抗力」を認め、「公信力」を認めていません。だから、登記された内容を鵜呑みに取引するのは危険です！

12 不動産登記簿とは

不動産登記簿は「一不動産一登記記録の原則」に則り、一筆の土地または一個の建物ごとに1つの登記簿が作成されます。

不動産登記簿の構成は、土地や建物の表示に関する事項が記録される「表題部」と、権利関係が記録される「権利部」の2部に区分され、権利部は所有権に関する事項を記録する「甲区」と、所有権以外の権利に関する事項を記録する「乙区」とに分かれています。

同一不動産に登記された権利の優劣は、その登記の前後によりますから、不動産登記簿に記録されている「順位番号」で判断することになります。また、権利部の異なる区間（甲区と乙区）における権利の優先順位は「受付番号」によって判断します。

なお、現在はすべての登記所がコンピュータ化された登記所（オンライン庁）となり、従来の登記簿謄本・抄本に代えて**「登記事項証明書」の交付を受ける**ことになっています。

ただし、コンピュータ化に移行する際、すでに効力を失っている登記事項については登記事項証明書に移記されませんでしたので、コンピュータ化によって閉鎖されたブック式の登記簿（閉鎖謄本・抄本）を閲覧することによって確認します。

不動産登記簿の構成と種類

《不動産登記簿の構成》

		内　容
表題部		土地・建物の表示に関する事項が記録されています。 例 所在、地番、地目、面積、建物の構造など
権利部	甲区	所有権に関する事項が記録されています。 例 所有権、所有権仮登記、処分制限の登記、買戻特約
	乙区	所有権以外の権利に関する事項が記録されています。 例 地上権、永小作権、地役権、先取特権、質権、抵当権、賃借権など

《証明書の種類と登記事項要約書》

登記事項証明書	全部事項証明書	登記簿に記録されている事項（コンピュータ化されて以降）の全部についての証明です。
	現在事項証明書	現在、効力のある登記事項のみについての証明書です。
	閉鎖事項証明書	閉鎖された登記簿の記録についての証明書です。
登記事項要約書	登記簿の閲覧制度に代えて発行されるものであり、記載内容が大幅に簡略化されたものであるため、証明書類としては使用できません。	

対象物件は「登記事項証明書（全部事項証明書）」を、道路部分を含む隣接地は「登記事項要約書」を、それぞれ交付を受けて調査をします。

登記事項証明書の例

東京都杉並区○○町4丁目644−44　　全部事項証明書　　（土地）

表題部（土地の表示）	調製	余白	不動産番号 ○○○○○○○○○○○○○
❶地図番号	余白	❷筆界特定	余白
❸所　在	杉並区○○町四丁目		余白

❹①地番	❺②地目	❻③地積　㎡	❼原因及びその日付〔登記の日付〕
644番44	宅地	159 : 44	644番14から分筆 〔昭和25年2月11日〕
余白	余白	余白 ❽	昭和63年法務省令第37号附則第2条第2項の規定により移記 平成9年10月8日
余白	余白	88 : 68	644番44、同番45に分筆 〔平成10年1月13日〕

権利部（甲区）（所有権に関する事項）

❾順位番号	登記の目的	受付年月日・受付番号	権利者その他の事項
1	所有権移転	昭和54年9月17日 第36323号	原因　昭和54年9月17日売買 所有者　中野区◇◇町二丁目20番13号 ■ ■ ■ ■ 順位2番の登記を移記
❿付記1号	1番登記名義人表示変更	平成10年1月13日 第49720号	原因　昭和54年9月20日住所移転 住所　杉並区○○町四丁目27番8号
	余白	余白	昭和63年法務省令第37号附則第2条第2項の規定により移記 平成9年10月8日

権利部（乙区）（所有権以外の権利に関する事項）

順位番号	登記の目的	受付年月日・受付番号	権利者その他の事項
1	抵当権設定	昭和54年9月17日 第36324号	原因　昭和54年9月1日保証委託契約に基づく求償債権昭和54年9月17日設定 債権額　金2，800万円 損害金　年14％（但し年365日日割計算） 債務者　中野区◇◇町二丁目20番13号 ■ ■ ■ ■ 抵当権者　中央区○○町一丁目10番2号 ○○○信用保証株式会社 共同担保　目録（え）第6002号
	余白	余白	昭和63年法務省令第37号附則第2条第2項の規定により移記 平成9年10月8日
2	1番抵当権抹消	平成10年1月13日 第49721号	原因　平成10年1月11日弁済

これは登記記録に記録されている事項の全部を証明した書面である。

平成○年○月○日
東京法務局杉並出張所　　登記官　　○○　○○　印

※下線のあるものは抹消事項であることを示す。　　整理番号　D○○○○○（1／2）　2／2

登記事項証明書の読み方

❶ 地図番号

原則として、不動産登記法に定める「14 条地図」が備え付けられている場合に、その地図番号が記載されます。

❷ 筆界特定

筆界特定制度に基づく土地の筆界が特定された日付が記載されます。（例：令和○年○月○日特定）

❸ 所在

行政区画を基準として土地の所在を表示しますが、原則、都道府県名は登記されません。

❹ 地番

地番区域の土地の一筆ごとに登記所が定めた番号です。

❺ 地目

利用状況に着目した土地区分で 23 種類あります。
※　田、畑、宅地、山林、公衆用道路、雑種地など

❻ 地積

一筆の土地面積で、水平投影面積により平方メートルを単位として表示されます。
※　「宅地」および「鉱泉地」以外の土地で 10 ㎡超のものは、1 ㎡未満を切り捨てて表示されます。

❼ 原因及びその日付〔登記の日付〕

登記を実行するに至った原因と、原因が生じた日付、該当する登記を登記官が実行した日付です。

❽ 下線のある表示

コンピュータ化された不動産登記簿では、抹消された登記事項に対して下線が引かれます。

❾ 順位番号

各事項欄に登記事項を記録した順位が記録されます。

❿ 付記

登記名義人に住所変更が生じたときなど、すでになされた権利に関する登記について変更や更正などを行う際に、前の登記と一体の登記として扱う登記です。

13 不動産登記簿調査での注意点

登記所にて、「登記事項証明書（全部事項証明書）」を取得したら、そこに記録された内容と物件の現況とが一致しているかどうかを慎重に確認する必要があります。

ⓐ 表題部について

表題部には不動産の表示に関する事項が記録されています。

表示に関する登記は原則として登記申請義務がありますが、更正登記や合筆、分筆登記の場合は申請義務がないことから、**登記記録と現況とが必ずしも一致しているとは限りません。**例えば、土地の測量によって得られた実測面積と登記された地積（これを「公簿面積」といいます）とが異なるときでも地積更正登記をしない場合が多いです。また、実際には、登記申請義務があるにもかかわらず、登記申請がされていない場合もあります。例えば、増改築された建物部分の登記がされていなかったりすることは、特段、珍しいことではありません。もしも登記記録と現況が異なる場合、取引するにあたってその部分に関する登記手続きが必要になることもありますので、相違の程度についても慎重に調査をしてください。

表題部の主な調査ポイント

地　目	登記簿上の地目と現況とが一致しているかどうかを確認します。
地　積	地積が実測面積と一致しているかどうか、測量図などを参考に確認します。
未登記建物の有無	建物の一部（または全部）に未登記部分があるかどうか、建物図面などを参考に確認します。
登記簿上のみ存在する建物の有無	建物の解体後に滅失登記の手続きが行われなかったことで、登記簿上のみ建物が存在していないかどうかを確認します。

CHECK 表題部所有者

表題部とは「不動産の表示に関する事項」が記録される部分ですが、最下部に「所有者」という欄があります。

表　題　部（主である建物の表示）		調製	余　白	不動産番号	○○○○○○○○○○○○○
所在図番号	余　白				
所　　在	○○区○○町一丁目　６０３番地１６			余　白	
家屋番号	６０３番１６			余　白	
① 種　類	② 構　造	③ 床　面　積　㎡		原因及びその日付〔登記の日付〕	
居宅	木造スレート葺２階建	１階　５４	１７	平成１０年７月１０日新築	
		２階　５２	０２	〔平成１０年７月２０日〕	
所　有　者	○○区◇◇町三丁目１０番２６－１０４号 [redacted]				

ココ

これは、所有権保存登記がされていない（つまり、登記記録として権利部がない）場合に、その不動産の所有者として表示されるものです。

例えば、建物を新築したときに表題登記を行うと、その建物の所有者として「表題部所有者」が記録されます。

なお、表題部所有者には対抗力がないため、それを備えるには所有権保存登記が必要です。そして、所有権保存登記（権利部）を行うと、登記官によって表題部所有者の記録は抹消されます（＝登記記録に下線が引かれる）。

⒝ 権利部について

権利に関する登記は申請義務がないので、**物件に存するすべての権利が登記されているとは限りません**ので注意してください。

権利部の甲区には所有権に関する事項が記録されていますので、まずは登記名義人の住所、氏名が、売主の住所、氏名と一致しているかどうかを確認しましょう。なぜなら、売買によって所有権移転登記を申請するときは、売主の印鑑登録証明書に記載された内容と不動産登記簿に記録された権利者の内容が一致していなければならないからです。

また、売主の所有権の帰属に疑念がないかどうかや、取引後に買主が取得する所有権に影響を及ぼすような権利が登記されていないかどうかも確認しておきましょう。

権利部の乙区には所有権以外の権利に関する事項が記録されます。

例えば、売主が住宅ローンを利用しているために抵当権が設定されている場合、買主へ所有権を移転する時までに、この権利を売主が抹消できるかどうかを確認しなければなりません。一般的に、抵当権を抹消するには借入金の完済が求められますが、不動産登記簿に記録されているのは当初の債務額であって、現時点での残債額ではありませんから、売主へ直接、残債額についての確認をすることが必要となります。残債額によっては、抵当権の抹消に問題が発生する場合（例えば債務超過などの場合）もありますので、慎重な確認を心がけましょう。

権利部の主な調査ポイント

《甲区の主な調査ポイント》

売主の住所や氏名	売主の印鑑登録証明書に記載された内容と登記された権利者の内容が一致しているかどうかを確認します。
所有権の帰属	売主が物件を取得した経緯に不自然な点がないかどうかを確認します。 例 短期間のうちに何度も所有権が移転しているなど
移転後の所有権に影響を及ぼす権利の有無	所有権移転の仮登記や処分制限（差押えなど）、買戻特約などの登記がされていないかどうかを確認します。

《乙区の主な調査ポイント》

抵当権等の担保権設定の有無	債権の内容を調査した上で、所有権の移転時期までに抹消できるかどうかを売主へ確認します。
共同担保目録の有無	１つの債権に対して共同で担保に供されている不動産の一覧で、これを見れば、どの不動産がどの債権の担保に供されているのかが確認できます。

14 登記事項証明書と権利証の照合

登記所にて「登記事項証明書」を取得したら、売主の持つ権利証にある「受付年月日と受付番号」との照合を必ず行いましょう。なぜなら、**売主の手元にある権利証が現に効力のあるもので、かつ、取引の対象物件のものであることを確認**するためです。

権利証は、一度作成されると記載内容に変更が生じたとしても修正されることがありません。例えば、権利証に記載されている建物を解体撤去したとしても、その権利証の記載内容が修正されることはありません。

一方で、登記所に備え付けられている不動産登記簿は、本人が申請することによって、その登記記録の内容が更新されていきます。特に表示に関する登記は原則として申請が義務付けられていますので、前述のように、登記された建物を解体撤去した場合、取り壊しから1ヵ月以内に建物滅失登記を行う必要があるため、現況と登記記録の内容は一致することになります。つまり、一度作成されたら内容が修正されないのが権利証で、常に最新の物件状況が記録されているのが不動産登記簿となり、このような性格の異なる2つの資料を結び付けているのが「受付年月日と受付番号」なのです。

不動産登記簿と権利証の照合

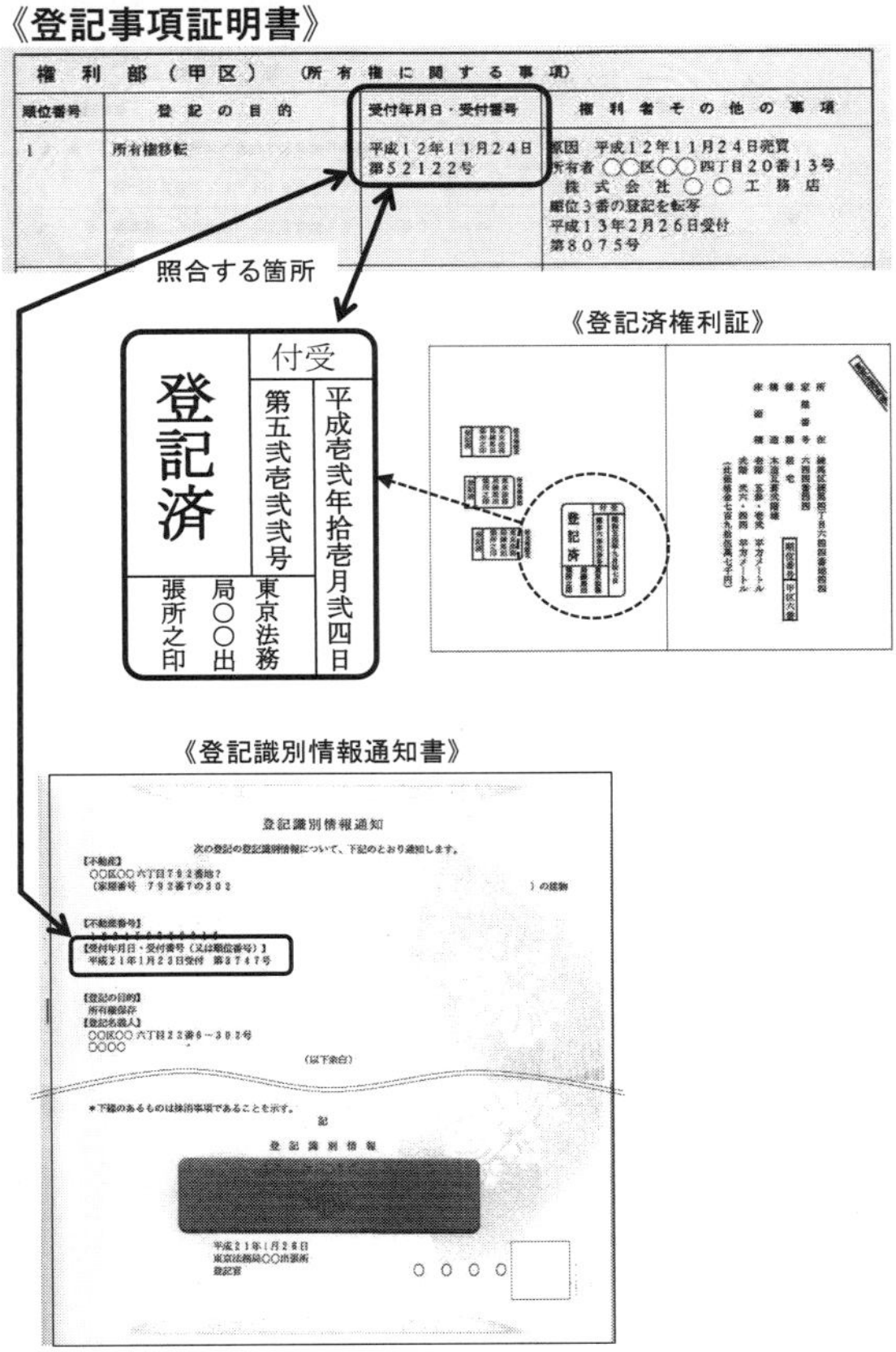

不動産登記法改正後も従来からある「登記済権利証」が効力を有している場合もありますので、確認するときは注意してください。

15 地図、地積測量図などの調査

(a) 14条地図（または公図）の調査

取引の対象となる不動産は、登記簿の表題部に記録された事項によって特定することができますが、これらを表示する地図がなければ、実際に土地や建物がどこに位置して、どのような形状になっているのかなどは分かりません。そこで、登記所にて地図（または公図）を調査して、対象物件の形状と、その位置を特定します。

(b) 地積測量図の調査

地積測量図は、登記簿に記録されている土地面積（地積）の根拠を示すものであり、新たな土地の表示登記、地積の変更や更正の登記、分筆の登記などの申請時に添付される土地の面積などを記載した図面ですが、すべての土地にあるとは限りませんので、登記所にて有無を確認してください。

なお、地積測量図がある場合でも、図面に記載された内容と現況とが一致しているかどうかを調査する必要があります。

地図（または公図）、地積測量図などの調査ポイント

《地図（または公図）の主な調査ポイント》

地図の種類	窓口で交付されたものが、地籍調査に基づく地籍図である「14条地図」なのか、補完的図面である「公図」なのかを確認します。 公図は縮尺などが不正確な場合が多いので、その取扱には注意が必要です。
隣接地の地番	隣接地の地番から登記事項要約書を取得して所有者の確認をします（敷地の境界確認のため）。 道路部分に地番が付されていれば、所有者を確認します（道路利用の制限確認のため）。
里道などの確認	敷地内における里道《りどう》（赤道《あかみち》）の有無を確認します。 里道とは道路法の認定を受けない国有の道路（認定外道路）で、敷地内に里道がある場合、売買をする前に国有地払い下げの手続きが必要になります。

《地積測量図の主な調査ポイント》

作製時期の確認	作製された時期によって精度や図面の記載方法などが異なるため、必ず現地と一致しているか確認する必要があります。例えば、不動産登記法が改正された平成17年より前に作製されたものには、注意が必要です。
土地の形状求積方法	土地の形状や境界標の設置状況、土地の寸法などが現地と一致しているかを確認します。 また、記載されている地積が求積されたものなのか、分筆後の残地求積によるものなのかも確認します。

※　「残地求積」とは、分筆前の地積（登記された地積）から分筆部分の土地面積を差し引くことを指します。残地部分は測量されていないため、信ぴょう性に劣ります。

16 法令制限等の調査

法令制限等の調査は、取引の目的となる**物件が公法上どのような利用上の制限を受けるのかを明確にすることが主な目的**です。調査の対象となる法令は、都市計画法や建築基準法をはじめ、地方自治体による条例も含め多岐にわたるものですが、これらは物件を取得した後の使用収益などに大きく影響を及ぼすものですから、買主の取引目的を達成してもらうためにも十分な調査を行う必要があります。

調査する主な資料としては、①都市計画図（都市計画概要図、用途地域図など）、②開発登録簿、③開発指導要綱、④建築確認申請書（建築計画概要書、添付資料）、⑤確認済証、⑥道路台帳附図、⑦公共用地管理区域図（公道）、⑧道路位置指定申請図（私道）、⑨道路の中心線確定図（2項道路）、⑩地図（または公図）、地積測量図、⑪住宅地図、⑫購入時の重要事項説明書、などが挙げられます。

なお、法令制限等については、電話や各自治体のホームページにより、ある程度の調査を行うことができますが、調査漏れや調査ミスを防止するためにも、必ず市区町村役場の担当窓口で調査をするようにしましょう。そして、調査先で入手した各種資料については、必ず現地との照合を行い、正しく現況を指示しているかどうかを確認することが肝心です。

法令制限等の調査ポイント

「都市計画法」「建築基準法」以外に注目すべき法令制限等として挙げられる主なもの

テーマ	関係する法令
街	土地区画整理法（計画区域、施行区域等）
	航空法（高さ制限等）
	土壌汚染対策法（要措置区域、形質変更時要届出区域等）
	都市再生特別措置法（都市再生緊急整備地域等）
道	沿道整備法（沿道地区計画区域）
	道路法（道路予定区域、協定等）
	踏切道改良促進法（道路外滞留施設協定）
水	水防法（水害ハザードマップ、洪水浸水想定区域等）
	河川法（河川保全区域等）
	特定都市河川浸水被害対策法（浸水被害防止区域等）
	津波防災地域づくりに関する法律（警戒区域等、津波浸水想定）
法面《のりめん》	砂防法（砂防指定地）
	地すべり等防止法（地すべり防止区域等）
	急傾斜地法（急傾斜地崩壊危険区域）
	土砂災害防止対策推進法（警戒区域等、基礎調査結果）
	地方公共団体のがけ条例（擁壁がある場合は建築基準法等）
	宅地造成及び特定盛土等規制法 （宅地造成等工事規制区域、特定盛土等規制区域等） ※地形によらず管轄する地域内のほぼ全域で規制区域が指定される場合あり。
景観	景観法（景観計画区域、景観地区、景観協定等）
	文化財保護法（周知の埋蔵文化財宝蔵地等）

法令制限等については、将来にわたって問題なく建物が建築できるかどうかを中心に調査するようにしましょう。

17 生活関連施設等の調査

生活関連施設等の調査は、**水道（飲用水）、ガス、電気、排水施設について現に利用されている施設、および利用可能な状態にある施設と、利用する上での負担の有無を明確にすることが主な目的**です。

調査する主な資料としては、①水道管管理図、②水道管の家屋内配管図、③ガス本管埋設状況確認図、④公共下水道台帳管理図、⑤浄化槽保守点検および清掃委託等契約書、などが挙げられます。

調査においては、埋設管が他人の敷地内を通っていないかどうか（他人地利用）、あるいは隣接する他人の埋設管が自己の敷地内を通っていないかどうか（他人管埋設）を、配管図と現地にあるメーター類の位置などから慎重に確認します。また、物件が私道に接していて、敷設された埋設管が私道所有者によって配管された「私設管」である場合、利用するための承諾が得られるかどうかや使用料の有無などを調査する必要があります。なお、交通の利便性や有線放送、地域の情報システムなどの通信設備も日常生活においては必要不可欠なものと言えますので、これらの施設などの調査も行っておいたほうがよいでしょう。

生活関連施設等の調査ポイント

給水施設（飲用水）	給水施設については、「水道（公営または私営）」か「井戸」かの別について調査をします。私営水道や井戸の場合は、その水質検査の状況についても調査します。
ガス施設	ガス施設については、「都市ガス」か「プロパンガス（個別または集中）」かの別について調査します。プロパンガスの場合、販売業者へ宅地内の配管設備などに関する所有権の帰属先などについても調査します。
排水施設	排水施設の調査では、「公共下水」か「浄化槽（個別または集中）」かの別と、「汚水や生活雑排水」と「雨水」の分流の有無などを調査します。なお、浄化槽を利用している場合でも、公共下水の整備状況については必ず調査をしておきましょう。
電気設備	共同住宅では、電気容量の増設可否と、電力小売事業者の選択可否（マンションなどで高圧一括受電契約をしている場合には戸別に電力会社を切り替えることができません）を調査します。
通信設備	テレビをはじめとする有線放送や、コミュニティ内における防災設備などに関する情報伝達システムの有無などを調査します。

将来にわたって支障のない施設かどうかを確認し、整備予定がある場合はその時期と負担金の有無などを詳しく調査しておきましょう。

18 区分所有建物を調査するときの注意点

ⓐ 公簿等の調査

マンションなど区分所有建物の「敷地」については、建物（専有部分）の所有者（＝区分所有者）全員が所有権（あるいは地上権や賃借権）を共有している状態にあります。この共有している持分のことを「敷地利用権」といい、原則として区分所有者は、その専有部分と敷地利用権とを分離して処分することはできません。

そして、①敷地利用権が存在すること、②敷地利用権が土地登記記録に記録（登記）されていること、③敷地利用権が一体処分の原則に服すること（いわゆる「分離処分の禁止」）、の要件をすべて備えている敷地利用権のことを不動産登記法では「敷地権」といっています。

区分所有建物に敷地権登記がされると、建物登記簿が土地登記簿の役割を兼ねることになるため、敷地利用権が設定された土地では、本来の土地登記簿に新たな登記がされることはありませんが、敷地利用権が設定された土地に「地役権」や「地上権」が存在する場合、これらの登記は建物登記簿に記録されないため、土地登記簿を調査して登記の有無を確認しておく必要があります。

また、「敷地権である旨の登記」がなされる前に登記された抵当権や買戻権などの記録がないかどうかも確認しておく必要があるため、はじめて調査する物件では、敷地権登記がされている場合でも、必ず土地登記簿の調査をしておきましょう。

なお、規約により専有部分と敷地利用権を分離処分可能としている場合や、昭和59年1月1日（不動産登記法に「敷地権の制度」が導入され施行された）前に登記された区分所有建物で、建物の共用部分の共有持分と土地の共有持分が異なるなどの理由で「一体化」がなされないまま登記簿が現存するなどの場合には、土地と区分所有建物はそれぞれ別の登記簿に記録（登記）されているため、土地の登記記録より、売買の目的物となっている専有部分の所有者と同じ名義の登記記録から、共有持分を確認することになります。

ⓑ　管理等の調査

対象不動産がマンションの場合、管理規約や使用細則等（以下「管理規約等」といいます）についても、その内容を確認しておく必要があります。一棟の建物または敷地の管理・使用に関することは、日々の暮らしに直結する重要な内容であるとともに、住民間のトラブルも多く発生していますから、可能な限り詳細な調査をすることが求められます。

例えば、専有部分のリフォームやペットの飼育に関しては詳細な規定を設けているマンションが少なくありませんが、これらの内容に関しては、新築分譲当初の管理規約等とは別に、管理組合の総会によって新たに規制を設けている場合もありますので、議事録の確認を含めた慎重な調査を行うことが肝心です。

ただし、建築時期の古いマンションや小規模なマンション（自主管理のマンションなど）では、そもそも管理規約等を定めていない場合も見受けられます。

このようなマンションの場合、区分所有法に定める原則的規定が適用されることから、規約による特段の定めは存在しません。そこで、管理組合の役員の氏名・連絡先、清掃業務や保守などの日常管理に要する費用および負担についての取り決めや、駐車場、バルコニーなどの専用使用権についての取り決めなどの管理全般については、区分所有者である売主本人から直接聞き取る必要があります。

なお、一般社団法人マンション管理業協会では「管理に係る重要事項報告作成に関するガイドラインについて」の中で、各種文書の雛形として、①管理に係る重要事項調査依頼書、②管理に係る重要事項調査報告書及び作成要領、などを規定していますので、物件調査や重要事項説明書の作成、および説明の際には活用するとよいでしょう。

区分所有建物の専有部分と共用部分について

区分所有建物のうち、専有部分が独立した所有権の対象となり、その権利者を区分所有者といいます。

共用部分については、原則として区分所有者がそれぞれ有する専有部分の床面積割合に応じて持分を持つことになります。

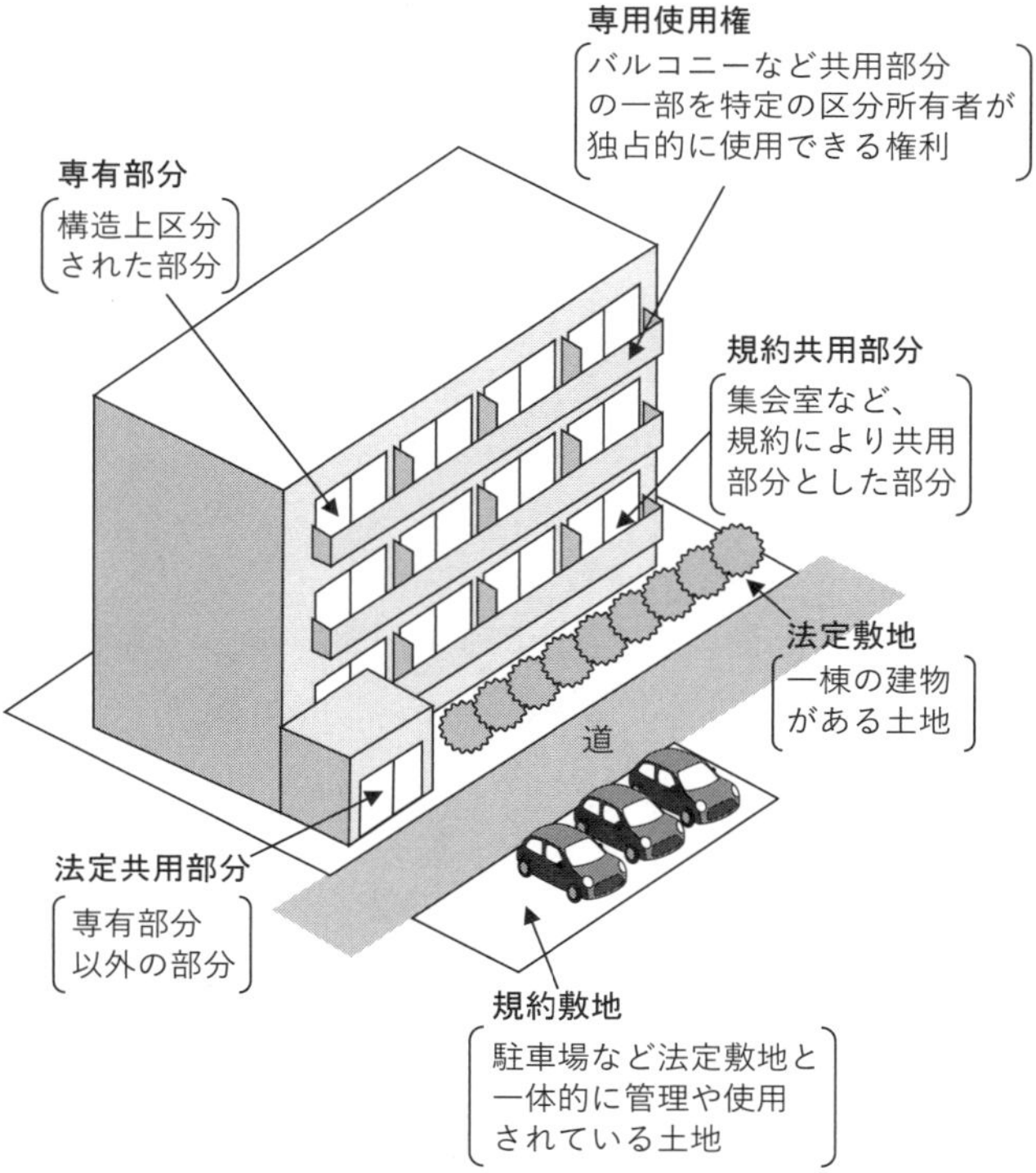

物件によっては、区分所有建物とは別に独立して登記された共用部分（管理棟など）がある場合もあるので慎重に調査をしましょう。

column 7

土地所有権の範囲は公図で確認できるの？

登記所に備え付けられた「地図（または公図）」に示された筆界《ひっかい》（登記された土地の範囲を示す線）は、法律により定められた境界※であることから「公法上の境界」とも呼ばれ、所有者同士の合意などによって自由に変更することはできないことになっています。

変更するためには、登記官が分筆や合筆といった行政処分を行う必要があるのです。

筆界は多くの場合、所有権の範囲を示す線（私法上の境界であり所有権界ともいいます）と一致するものですが、土地の一部について売買や贈与、時効による取得などがあった後に分筆の登記がされていないなどの特別な事情がある場合には一致していないこともありますので、不動産取引をするにあたっては、現地にて、売買する土地の範囲を慎重に確認する必要があるのです。

※「境界」という言葉は公法上の境界（筆界）として用いられるほか、「所有権の範囲を画する線（私法上の境界）」という意味でも用いられる場合があります。

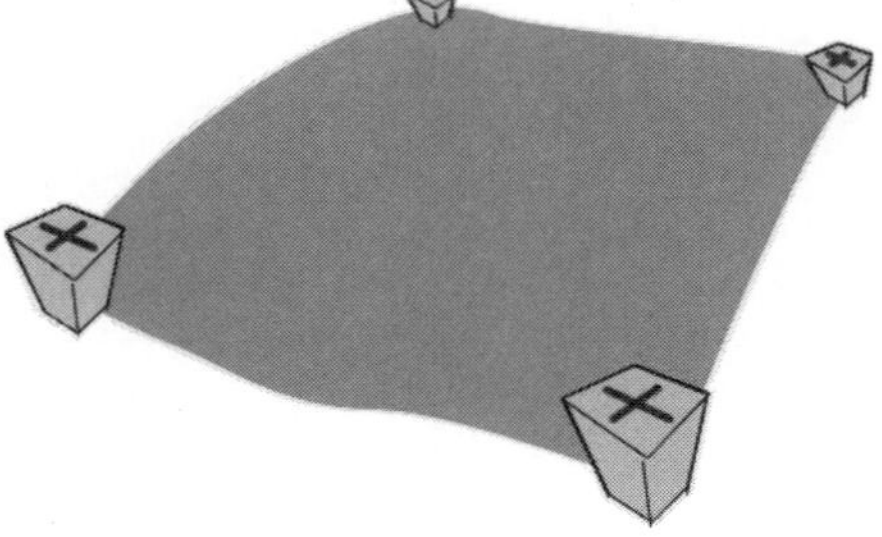

column 8

土地の「確定測量」と「現況測量」……何が違うの？

土地の測量には、「確定測量」と「現況測量」の２種類があります。

●「確定測量」とは

敷地の接する道路や水路といった公共用地との公共用地境界確定（これを「官民査定」といいます）と、隣接する民有地との境界確定（これを「民民査定」といいます）の両方について確認することを指し、この測量によって作成される図面を「確定測量図」と呼んでいます。

●「現況測量」とは

民民査定のみを行い、官民査定は行わないことを指し、この測量によって作成される図面を「現況測量図」と呼んでいます。

なお、宅建業者の間では、官民査定も民民査定も行わず、土地所有者が示す境界で一方的に測量を行い、測量図を作成する場合も「現況測量」といい、これにより作成された測量図も「現況測量図」と呼んでいますので、これらの言葉には注意が必要ですよ。

査定を伴わない「現況測量」の場合、土地面積やその範囲を測量によって確定したとはいえませんから、当然に、後日、敷地の境界をめぐって隣接地所有者との間でトラブルが生じるおそれがあるという認識をもっておく必要がありますね。

第３節　価格査定と売却に向けた提案

1　価格査定が必要な理由

所有する物件を売りに出そうと考えたとき、多くの人は「少しでも高く売りたい！」と思うものですが、不動産には市場における取引相場や購入者の意思が存在するため、一方的な要因で決められた価格がそのまま通用するとは限りません。

また、不動産は同じものが存在しないことや、実際に成約した価格の情報が詳細に公開されていないことから、所有者である売主が売出価格を決めようにも、その目安となる妥当な価格や方法がわからないというのが実態なのです。

そこで、**宅建業者には「妥当な価格＝査定価格」を提案することが求められる**のです。

査定価格とは、中古市場の流通相場や動向を考慮した上で、お客様が売出価格を決定するための目安となる価格であり、その価格で市場に出した場合には、おおむね３ヵ月以内に成約するであろう価格と言われています。

また、査定の対象となる目的物件の購入希望者（買主となろうとする者）が、価格についての交渉を希望した場合などの調整役にもなる価格です。

取引上にあるさまざまな価格

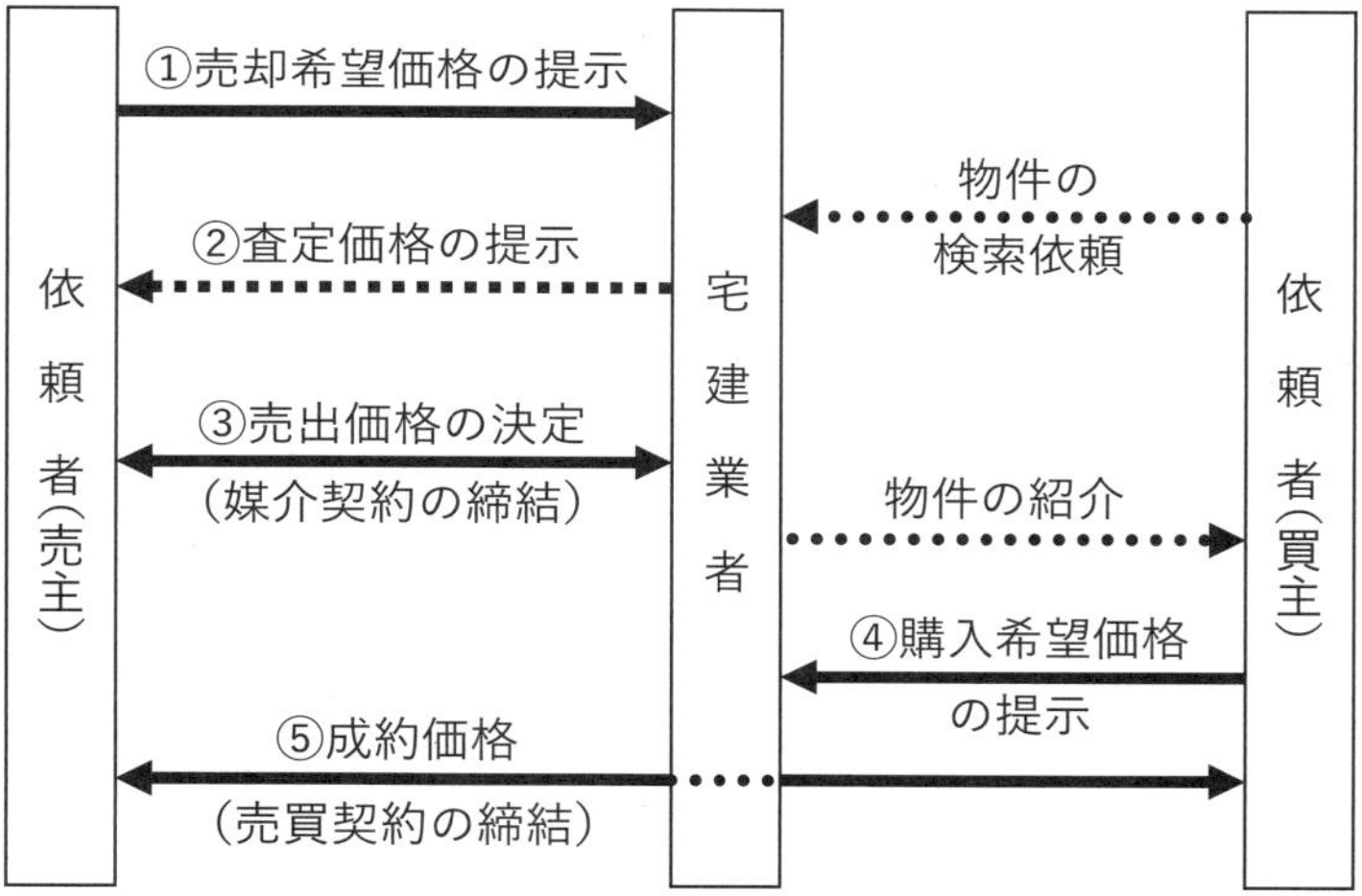

価格の種類	内　容
売却希望価格	売主が「○○万円で売りたい」と希望する価格です。
査定価格	売出価格の目安となる妥当な価格で、おおむね3ヵ月以内に成約するであろう価格です。
売出価格	売主と宅建業者が相談した上で流通市場に出す価格です。
購入希望価格	売出価格に対して購入希望者（買主）が希望する価格（指値）です。
成約価格	売主と購入希望者（買主）が合意した取引価格（＝実勢価格）です。

2 査定から販売開始までの主な流れ

物件価格は、その物件の形状や道路との関係など直接的に価格の形成に影響を及ぼす「個別的要因」や、物件そのものが持つ価値や特徴とある意味無関係なところ（経済情勢など）でその価格の形成に影響を及ぼす「一般的要因」、物件の所在する地域における各種規制（都市計画法などの法令制限等）などによって価格の形成に影響を及ぼす「地域要因」によって形成されています。したがって、お客様から査定依頼を受けたら、まずは価格形成要因となるさまざまな事項についての調査を行うことから始めます。

調査が完了したら、得られた情報を基に自社で定めた査定方法に従って、その物件の妥当な価格を導き出してお客様へ報告をします。

この査定報告では、単に査定結果を報告するだけでなく、今後の販売に向けた売出価格の設定や具体的な販売方法などについても専門家としての意見を述べて、お客様と意見交換を行うことがポイントとなります。

そして、お客様と宅建業者の双方が売出価格や販売方法など媒介業務に関することに対して合意できれば、媒介契約書を取り交わし、いよいよ販売がスタートします。

査定から販売活動までの流れ

査定の依頼

↓

査定に必要な範囲の物件調査

↓

査定

↓

査定結果の報告および売出価格の提案

↓

売出価格の決定

↓

依頼者と媒介契約の締結

販売スタート

3 物件に適した査定方法を活用しよう

査定方法には、①原価方式、②比較方式、③収益方式の3種類がありますので、査定物件に適した方法を採用しながら査定業務を行いましょう。

「原価方式」とは、対象となる不動産（建物）の新築価格（再調達原価）を求め、そこから経過年数に応じた減価修正を行い、現在の価格を求める方法で、一般的に流通しうる戸建住宅（建物）の査定に適しています。

「比較方式」とは、対象となる不動産（土地など）と類似した取引事例を収集して地域要因や個別要因の比較を行った上で「平方メートル当たりの単価」を求める方法で、一般的に流通しうる土地やマンション（専有部分）などの査定に適しています。

「収益方式」とは、不動産から生み出される収益に着目する方法で、純収益（収入から経費を差し引いたもの）を還元利回りで割り戻すことにより収益から見た不動産の価値を求める方法で、一般的には、投資用不動産の価値を算出して投資判断をする場合に有効とされていますが、居住用不動産であっても賃料の設定が可能な地域および種類であれば活用することができます。

3種類ある査定方法の特徴

原価方式	方　法	対象となる不動産（建物）の新築価格（再調達原価）を求め、そこから経過年数に応じた減価修正を行い、現在の価格を求める方法です。
	特　徴	再調達原価（新築する場合の建築費単価）の把握や減価修正が行える場合に有効で、一般的に流通しうる戸建住宅（建物）の査定に適しています。
比較方式	方　法	対象となる不動産（土地）と類似した取引事例を収集して地域要因や個別要因の比較を行った上で「土地単価」を求めます。
	特　徴	近隣地域または同一需給圏内において類似した不動産の取引事例がある場合に有効で、一般的に流通しうる土地やマンションの専有部分などの査定に適しています。
収益方式	方　法	純収益（収入－経費）を還元利回りで割り戻すことで、収益から見た不動産の価値を求めます。
	特　徴	一般的には、投資用不動産の価値を算出して投資判断をする場合に有効とされていますが、居住用不動産であっても賃料の設定が可能な地域および種類であれば活用することができます。

居住用の戸建住宅、土地、マンションを査定するなら、不動産流通推進センターが提供している「WEB版既存住宅価格査定マニュアル」が便利です。

4　査定に必要な事例物件を選ぶときのポイント

土地や中古マンション（専有部分）を比較方式によって査定する場合には、査定物件と比較するための事例物件に関する情報を取得することから始めます。

通常、これはレインズから成約事例を検索して取得するのが一般的ですが、その際は、出来る限り査定物件と同等の条件を持つ成約事例を選ぶことが適正な査定を実践する上でのポイントとなります。

例えば、**取引時点ができる限り最近の成約事例を選ぶことが大切**です。古い事例でも過去半年以内程度に取引されたものを選ぶようにしましょう。万一、取引時点が過去半年を超えるような場合には、事例地の取引時点と現在の相場との差異についても適切に配慮することが必要です。さらに、都市計画区域の区域区分（市街化区域、市街化調整区域の別など）や最寄駅からの距離（徒歩圏かバス圏かの別）などは、同じ条件のものとし、品等（住宅地としてのグレード）や規模などは可能な限り同じような事例地を選ぶことも大切です。

また、特殊事情（売り急ぎなど）がある成約事例を排除しながら査定結果の精度を高めるためには、複数の成約事例を用いて査定を行うことが効果的です。

事例物件を選ぶときのポイント

（1）　取引時点ができる限り最近の取引事例

・古い事例でも過去半年以内程度に取引されたものを選ぶようにしましょう。
・半年を超えるような場合には、現在の相場との差異についても配慮することが必要です。

（2）　査定地と可能な限り同品等、同規模の事例

・中心街（または最寄駅など）が同一である。
・中心街（または最寄駅など）から原則、同一方向にある。または電車などの路線が原則、同一方向である。
・前面道路の幅員が類似している。
・周辺の街並み、街路の状況が類似している。
・地域の分類（優良住宅地、標準住宅地、混在地域）が同一である。
・用途地域が同一または類似している。
・価格水準（いわゆる相場）に大きな格差がない。

（3）　査定地と同一圏内の事例

中心街（または最寄駅など）から徒歩 20 分（道路距離で 1,600 m）までの圏域を「徒歩圏」、これを超える圏域を「バス圏」と区分して、査定地と同一圏内の事例を選ぶようにしましょう。

（4）　査定地と都市計画区域が同じ取引事例

査定地が市街化調整区域に位置する場合、同じ区域区分にある事例を選びましょう。

売り急ぎや買い急ぎなど、特殊な事情のある取引事例は収集の対象としないことが適正な査定を行うためのポイントです。

5　事例物件がないときの簡易査定の方法

比較方式により適正な査定価格を算出するためには、前述のとおり比較に適した取引事例の選定が必要不可欠となりますが、実務においては常に適当な取引事例が見つかるとは限りません。

そこで、どうしても適当な取引事例が見つからない場合には、簡易査定として、公的価格（公示価格や標準価格、相続税路線価）を事例地価格に見立てて価格査定を行う方法があります。

ただし、公示価格や標準価格は一般の土地取引の指標とすべきものとして国や都道府県が評価している価格ですが、必ずしも実務における実勢価格と一致しているとは言い切れません。また、相続税路線価は、①その評価が毎年1回（1月1日時点の価格で毎年7月頃に発表）であること、②公示価格のおおむね80パーセントの水準とされていること、③事例地としての個別的要因が考慮されていないこと、などから、そのままの状態で実勢価格としての準用には無理があることを認識しておきましょう。

簡易査定に役立つ公的な価格

	公示価格	標準価格	相続税路線価	固定資産税評価額
評価機関	国土交通省	都道府県	国税庁	市区町村
基準日	1月1日	7月1日	1月1日	1月1日
評価替	毎年	毎年	毎年	3年毎
発表時期	3月末頃	9月末頃	7月頃	−
評価割合			公示価格の80%	公示価格の70%
目的	一般の土地取引の指標など		課税計算の基準	

（1）路線価比較による簡易査定方法

取引事例の価格［　　］円/㎡ × 査定地の路線価［　　］円/㎡ ／ 事例地の路線価［　　］円/㎡ × 査定地の面積［　　］㎡ ＝ 査定価格［　　］円

（2）査定地の相続税路線価からの簡易査定方法

査定地の路線価［　　］円/㎡ ÷0.8× 査定地の面積［　　］㎡ ＝ 査定価格［　　］円

簡易査定は実勢価格との誤差が生じる可能性が極めて高い方法なので、利用する際には十分に注意しましょう。

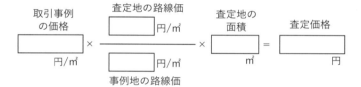

6　査定結果の報告と売出に向けた提案

査定結果が出たらお客様への報告を行うための報告書を作成しましょう。口頭での報告でも構いませんが、書面による報告をするべきだと思います。なぜなら、売却を検討しているお客様の多くは、複数の宅建業者へ査定依頼をし、その結果を比較検討した上で、最終的に媒介を依頼する先を選ぶことになるのが一般的なため、**査定報告とは、単なる結果報告ではなく、競合他社から自社を選んでもらうための重要な営業活動の一つ**だからです。

また、査定報告書には結果のみを記載するのではなく、結果に至る経緯などについても詳しく説明することが大切です。お客様に査定結果を納得してもらえるかどうかは、こうした説明がしっかりとできるかどうかにかかっていると言っても過言ではないのです。

そして、査定資料はファイルに綴じるなど、その渡し方についても配慮をしましょう。

なお、書面にて査定報告をする場合、不動産の鑑定評価に関する法律に基づく鑑定評価書でないことを明記するとともに、①みだりに他の目的に利用しないこと、②取引事例をみだりに口外しないこと、をお客様に要請してください。

査定価格の報告が終われば、次は実際に市場へ出す場合の価格（＝売出価格）や具体的な販売方法などを提案することになります。

査定価格とは、あくまでも「その価格で市場に出せば、おおむね3ヵ月以内に売れるでしょう」といったものですから、いわゆる取引の中で考えられる成約価格の下限のような位置づけになります。また、市場へ売りに出した場合、取引の成立に向けた価格交渉などが行われることも決して珍しいことではないので、そういったことも考慮しながら、査定価格とは別に、取引のプロからみた妥当な売出価格を提案するのです。

例えば、購入を検討している者から、売出価格に対する価格（値引き）交渉が入ることを考慮して、あらかじめ査定価格に5～10パーセント程度を上乗せした価格を売出価格とするような提案を行うことなどが考えられます。ただし、最終的に売出価格を決定するのは、あくまでもお客様ですから、お客様自身が納得できるまで十分な話し合いをしてください。

なお、お客様自身の希望する価格（市場価格と著しく離れた価格）で市場へ出すことを強く要望される場合には、そのことによって予想されるデメリット（早期成約が困難なことや、段階的な値下げによる商品価値の劣化など）を説明することが大切です。それでもなお、希望する価格で市場に出すことを要望された場合は、依頼を引き受けるかどうか慎重に判断するべきです。

印象に残る査定報告をするには?

**競合他社の中から自社を選んでもらえるよう、
査定報告では、そのプレゼン方法に配慮しましょう。**

《査定報告書として主にファイリングするもの》

イ）査定結果について
※査定価格・売出価格（提案）・担当者コメント
ロ）査定方法の説明
ハ）事例物件の資料（場所が特定されないよう注意してください）
ニ）事例物件を含めた査定物件の周辺地図
ホ）比較法による土地査定価格の計算式
ヘ）建物の構造に関する調査結果資料
ト）原価法による建物査定価格の計算
チ）中古住宅流通市場の動向と今後の予想
リ）競合が想定される販売中の物件一覧

競合他社の中から選ばれるポイントは、他社と比べて一番高い査定価格を提示することではなく、査定価格の根拠に説得力があることです！

column 9

「査定」と「鑑定評価」……何が違うの？

●「査定」とは

宅建業法に基づき**宅建業者が行う**もので、物件の売却をしようとする人に、その売出価格を決めるときの目安としてもらうことを目的としています。

●「鑑定評価」とは

不動産の鑑定評価に関する法律に基づき**不動産鑑定士が行う**もので、現実の社会経済情勢の下で合理的と考えられる市場で形成されるであろう適正な価格を把握することを目的としています。

つまり、査定と鑑定評価は「不動産の価値を評価する」といった点では同じなのですが、そもそもの目的が違っているのです。

なお、宅建業法では「宅建業者が価額について意見を述べるときは、その根拠を示さなければならない」としていることから、査定という行為は、媒介業務の一部であり、法律上の義務でもあるのです。

このため、査定を行った場合でも、かかる費用をお客様へ請求することはできないことになっているのですよ。

第4節　媒介契約の締結から販売活動へ

1　媒介契約の締結

媒介契約は、媒介の依頼を受けた時点で契約を締結するべきものなので、売主に対しては、**物件調査に基づく価格査定の報告を経て売却活動（取引の相手方の探索行為）に関する依頼を受けた時点で締結**しましょう。

媒介契約には「一般媒介契約」、「専任媒介契約」、「専属専任媒介契約」といった3種類の類型があるので、お客様と話し合った上で、どの契約を結ぶのかを決めます。

なお、宅建業者が依頼者との間で媒介契約を締結するときは、原則として「標準媒介契約約款」を使用するよう国土交通省のガイドラインに定められています。

この「標準媒介契約約款」とは、媒介制度の施行にあたって建設省（現、国土交通省）が契約を類型化し、標準的な約款を作成したもので、「標準一般媒介契約約款」、「標準専任媒介契約約款」、「標準専属専任媒介契約約款」があります。そして、依頼者がひとめで標準媒介契約約款であるか否かを確認できるよう、媒介契約書の右上すみに「この媒介契約は、国土交通省が定めた標準媒介契約約款に基づく契約である」旨の表示をすることになっています。

標準媒介契約約款に基づく媒介契約

《標準媒介契約約款に基づく媒介契約書のイメージ》

用紙の右上すみに表示しています。

この媒介契約は、国土交通省が定めた標準媒介契約約款に基づく契約です。

専 任 媒 介 契 約 書

依頼の内容	売却・購入・交換

この契約は、次の３つの契約型式のうち、一般媒介契約型式です。なお、依頼者は、重ねて依頼する宅地建物取引業者を明示する義務を負います。重ねて依頼する宅地建物取引業者を明示しない契約とする場合は、その旨を特約するものとします。

・専属専任媒介契約型式

依頼者は、目的物件の売買又は交換の媒介又は代理を、当社以外の宅地建物取引業者に重ねて依頼することができません。

依頼者は、自ら発見した相手方と売買又は交換の契約を締結することができません。

当社は、目的物件を国土交通大臣が指定した指定流通機構に登録します。

・専任媒介契約型式

・・・・・・

《宅建業法と標準媒介契約約款の定めとの相違点》

宅建業法上で明文化された規定がないもの	標準約款の定め
一般媒介契約での明示・非明示の別	原則、明示型 （特約で非明示も可）
一般媒介契約の有効期間	３ヵ月まで （更新時も同じ）
専任媒介または専属専任媒介契約での業務処理状況の報告方法	文書または電子メール

標準媒介契約約款として定められた契約書および契約約款は、依頼者に不利とならない特約を除いて、原則、そのまま使用するようにしてください。

2　媒介契約に関する宅建業法上のルール

(a) 契約内容の書面化と交付義務

宅建業者は、宅地または建物の売買または交換の媒介契約を締結したとき、遅滞なく一定の事項を記載した書面（これが「媒介契約書」です）を作成し、**記名押印**した上で、お客様にこれを交付（電磁的方法による提供を含む）しなければなりません。なお、貸借の媒介契約では、宅建業法上その契約内容を書面化することが義務付けられていませんので、ルールの違いに注意してください。

(b) 価格根拠の明示義務

宅建業者が目的物件の売買すべき価額や評価額について意見を述べるにあたっては、お客様からの請求の有無にかかわらず、その根拠を明らかにしなければなりません。

(c) 契約の有効期間と更新

「専任媒介契約」または「専属専任媒介契約」を締結する際の有効期間は、期間の定めをする場合3ヵ月を超えることができません。期間の定めをしなかった場合には3ヵ月となり、3ヵ月よりも長い期間を定めた場合には3ヵ月に短縮されます。

また、有効期間内において成約に至らなかった場合、お客様からの申出によってのみ媒介契約を更新することができるので、「依頼者の更新拒否の申出がない限り更新される（いわゆる自動更新）」といった特約を定めて媒介契約を締結したとしても、その特約部分は無効となります。なお、宅建業法での定めはありませんが、標準一般媒介契約約款による「一般媒介契約」においては、その有効期間は3ヵ月を超えることができないので注意してください。

ⓓ　建物状況調査のあっせんの有無について

物件が中古住宅である場合、宅建業者は、お客様と媒介契約を締結する前に建物状況調査の制度概要について説明を行った上で、調査が行える専門家のあっせんを行うかどうか（＝あっせんの有無）と、あっせんをしない場合にはその理由について媒介契約書に記載しなければなりません。

もしもお客様が建物状況調査の実施を希望される場合は、資格ある専門家をあっせんして、実際に建物状況調査が行えるよう手配をすることになります（詳しくは、「第2章　第6節　媒介契約の締結と建物状況調査の実施　3　建物状況調査とは」を参照してください）。

3 媒介契約を締結するときの注意点

お客様との間で媒介契約を締結するにあたっては、次の点についてしっかりとお客様へ説明をして、十分な理解を得ることが大切です。

ⓐ 明示型と非明示型

お客様が「一般媒介契約」を締結するにあたり複数の宅建業者へ重ねて媒介の依頼をする場合、その宅建業者の氏名（商号・名称）を明示する義務を負うのが「明示型」で、義務を負わないのが「非明示型」です。

標準一般媒介契約約款による「一般媒介契約」を締結しようとする場合、その約款には「明示型」である旨が定められているので、もしも「非明示型」の契約としたい場合には、特約としてその旨を定める必要があります。

なお、明示型であるにもかかわらず、お客様が明示義務に違反して明示をしていない宅建業者を通して成約した場合には、「一般媒介契約」の履行のために要した費用の償還を請求することができます。

(b) 自己発見取引

お客様が媒介業務を依頼した宅建業者を通さず、自ら発見した相手方（友人、知人を含みます）と目的物件の売買または交換の契約を成立させることを自己発見取引と言います。「専属専任媒介契約」では、お客様による自己発見取引を禁じていますが、これに違反した場合、宅建業者は違約金（約定報酬額に相当する金額）の請求をすることができます。

(c) 契約の解除

媒介契約の有効期間内にお客様から一方的に媒介契約の解除をされた場合、宅建業者はお客様に対して契約の履行のために要した費用を、約定報酬額を限度に請求することができます。ただし、費用の請求を行う場合には費用明細書を作成するとともに、領収書などで金額を立証しなければなりません。

(d) 電磁的方法による提供

媒介契約書の紙による交付に代えて、電磁的方法による提供をしようとする場合は、あらかじめお客様の承諾を得る必要があります（「第4章　第2節　重要事項の説明と売買契約の締結　2　電磁的方法による提供」を参照してください）。

4 媒介業務について宅建業者に課せられた義務

宅建業者には、媒介契約の類型別に業務内容に関する義務がそれぞれ設けられています。

宅建業者が「専任媒介契約」または「専属専任媒介契約」に基づく媒介業務の依頼を受けた場合、「専任媒介契約」の場合は媒介契約を締結した翌日から7営業日以内、「専属専任媒介契約」の場合は5営業日以内に、それぞれ対象となる物件情報をレインズへ登録しなければなりません。レインズへの登録が完了したら、指定流通機構が発行する登録済証を遅滞なく依頼者へ交付（電磁的方法による提供を含む）するとともに、登録した物件が成約に至った際には、その旨を遅滞なく指定流通機構へ報告する義務も負っています。

また、お客様に対しては、「専任媒介契約」の場合は2週間に1回以上、「専属専任媒介契約」の場合は1週間に1回以上の頻度で、業務処理報告をしなければなりません。

そして、購入希望者から購入の申込みがあったときは、遅滞なくその旨を依頼者に報告しなければなりません（この報告義務は「一般媒介契約」の場合も適用されます）。

これらの義務に関して、宅建業者と依頼者との間で合意に基づき規定に反する内容（依頼者にとって不利となる内容）の取決めをしたとしても無効となります。

媒介業務についての義務

義務＼媒介類型	専任媒介契約	専属専任媒介契約
指定流通機構への登録義務　※1	契約の締結日の翌日から7営業日以内	契約の締結日の翌日から5営業日以内
依頼者への登録済証の交付義務　※2	遅滞なく依頼者へ交付	遅滞なく依頼者へ交付
指定流通機構への成約報告	遅滞なく報告	遅滞なく報告
業務処理状況の報告義務	依頼者に対して2週間に1回以上	依頼者に対して1週間に1回以上
売買等申込みに係る依頼者への報告義務　※3	遅滞なく報告	遅滞なく報告

※1　指定流通機構への登録期限は、業者の休業日を含みません。
※2　登録済証の交付は依頼者の承諾を得た上で、電磁的方法による提供も可能です。
※3　売買等の申込みに係る依頼者への報告義務は、一般媒介契約にも適用されます。

《指定流通機構（レインズ）への登録と報告》

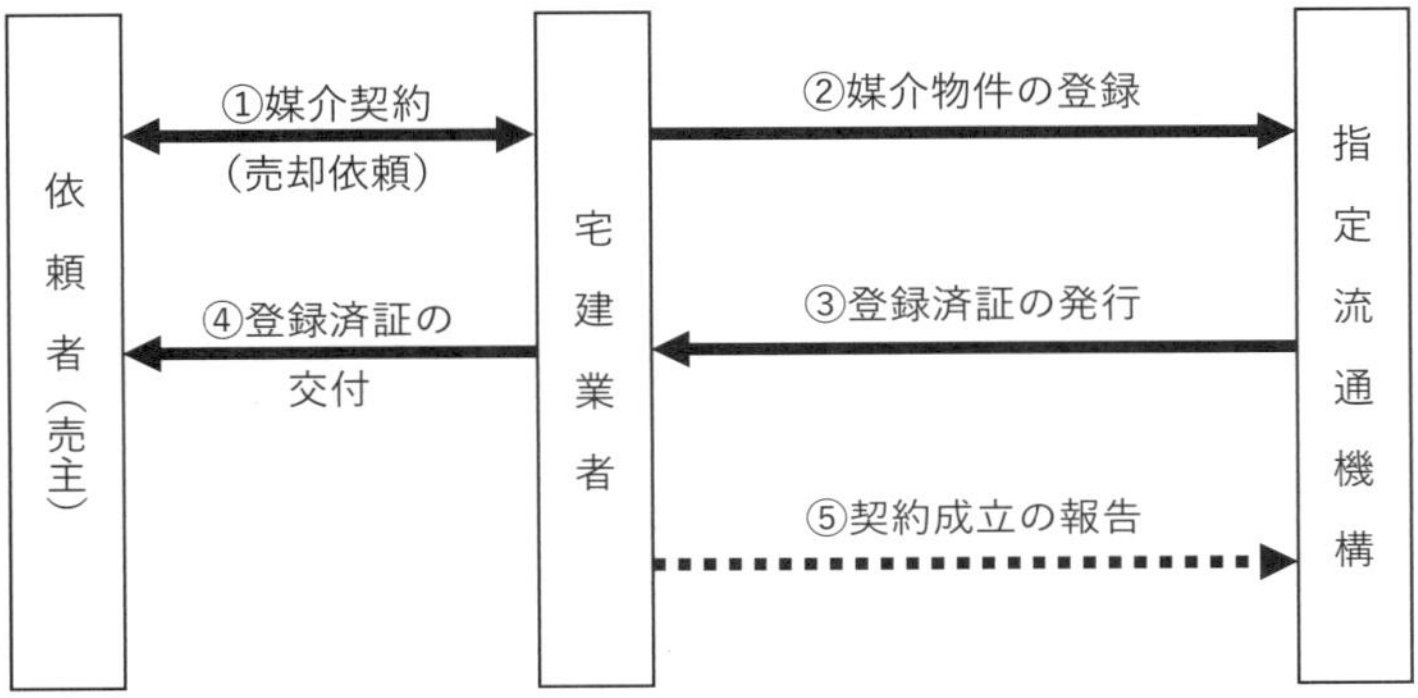

5　宅建業者から見た媒介契約の特徴

3つの類型がある媒介契約から、どのタイプの媒介契約を締結するかは、お客様が宅建業者へどの程度までの業務を求めているのかによって決まることになりますが、それとは別に、「宅建業者側の都合」から媒介契約をみると、次のような特徴が見えてきます。

例えば、「一般媒介契約」では、売却を希望するお客様が複数の宅建業者へ重ねて媒介の依頼ができるため、せっかく媒介契約を締結できたとしても、必ずしも自社を通して売買契約が成立するとは限りません。つまり、自ら買主を見つけて売買契約を成立させない限り仲介手数料を受け取れないという特徴が見えてきます。

一方で、「専任媒介契約」または「専属専任媒介契約」では、お客様は1社に絞り込んで媒介の依頼をすることになるため、もしも自ら取引の相手方を見つけることができれば両手となりますし、他社に客付けされたとしても、片手として媒介の依頼者から仲介手数料を受け取ることができます。つまり、**「専任媒介契約」または「専属専任媒介契約」では、最低限、片手分の仲介手数料が受け取れる可能性が高い**といった特徴が見えてきます。

媒介契約により異なる取引のパターン

《一般媒介契約の場合》

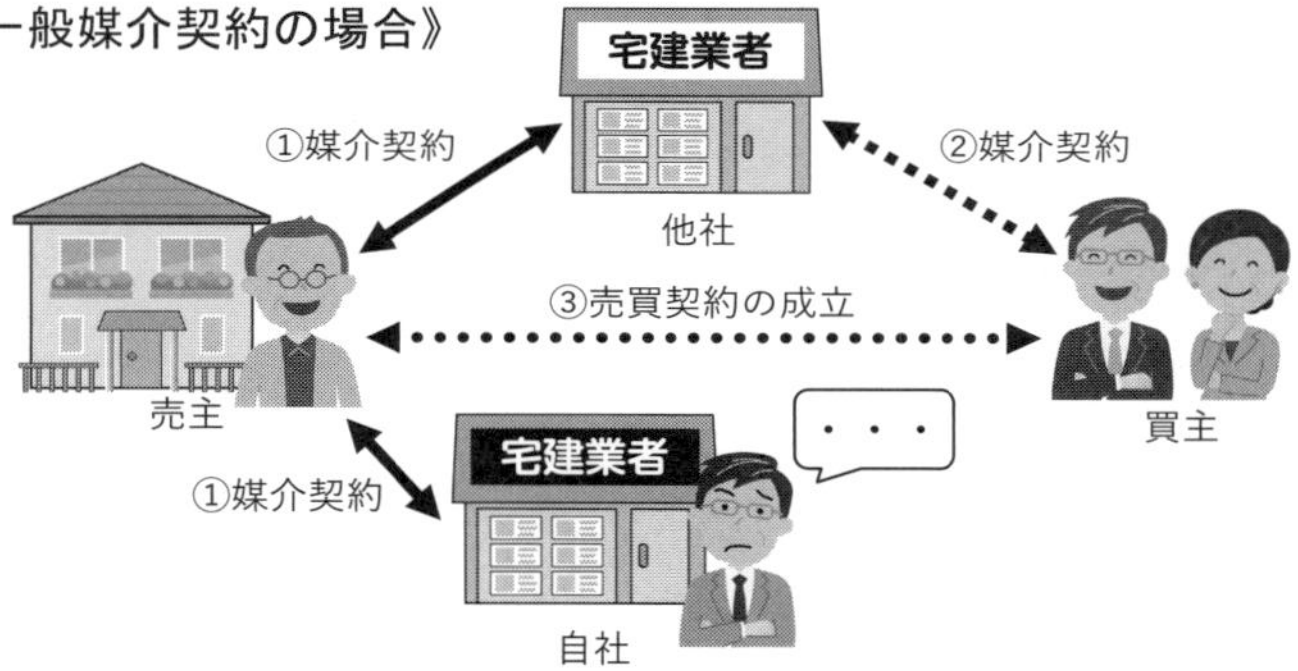

必ずしも自社で成約できるとは限らない…

《専任媒介・専属専任媒介契約の場合》

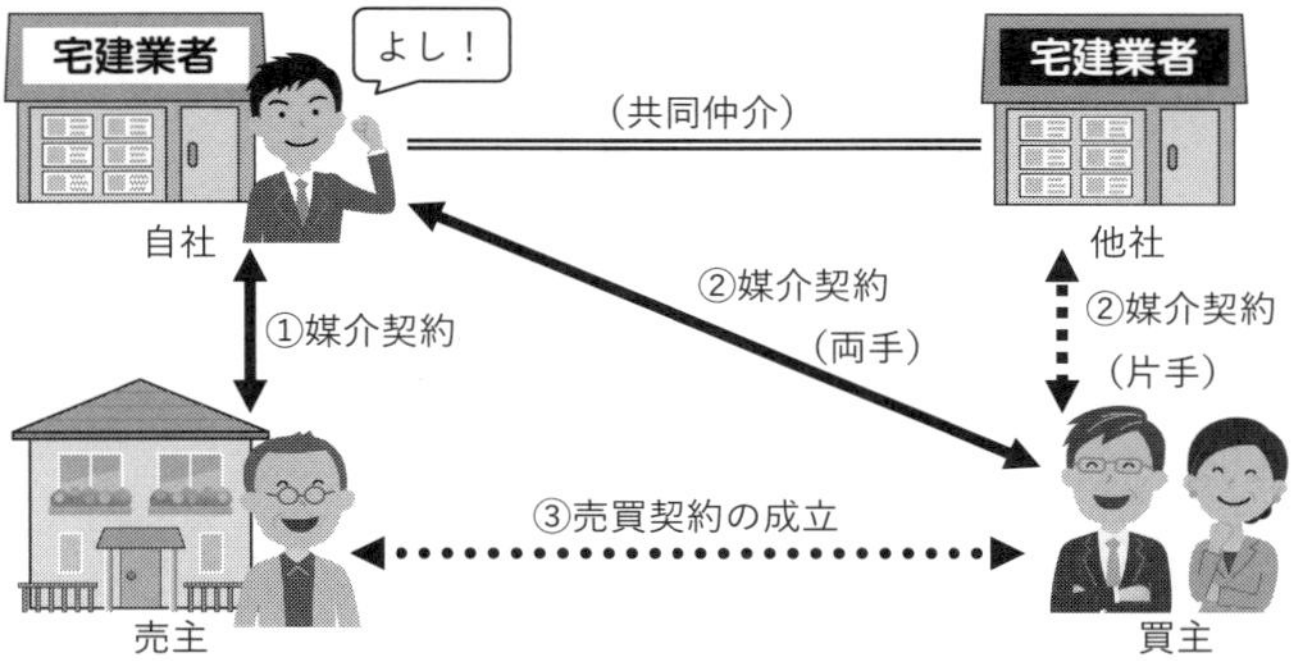

自社を通して成約する可能性が高い！

媒介の依頼を受けるときは、少なくとも片手分の仲介手数料が期待できる専任媒介契約または専属専任媒介契約を目指しましょう！

6 販売図面の作成とレインズへの物件登録

お客様との間で媒介契約を締結したら、物件調査によって得られた情報を基にして、速やかに販売図面を作成しましょう。

販売図面には、敷地図や間取図、物件の周辺地図、物件概要、宅建業者の表示と取引態様などを記載して表示することになります。

一戸建住宅の場合、マンションと異なり新築分譲当時にパンフレットなどが作られなかったり、新築当時の設計図書などの書類が紛失していたりするなどの理由から、正確な間取り図面がわからないといった場合も決して珍しくありませんので、そのときには現地調査にて現況の間取図を自分で作成し、それを基に書き起こすようにしましょう。

そして、物件固有のアピールポイント（例えば、リフォーム済みであるとか、大規模修繕済みであるとかなど）があれば、それらも具体的に表示しておきましょう。

なお、「専任媒介契約」または「専属専任媒介契約」を締結している場合、早期成約を実現するためにも、媒介契約で定める期日までに、レインズへ所定の項目とあわせて販売図面の登録を行うようにしましょう。

販売図面の作成とレインズへの登録

本来、販売図面とは宅建業者向けの資料なのですが、実務では、お客様に対しても利用されていますから、そのことを意識して作成することがポイントです。

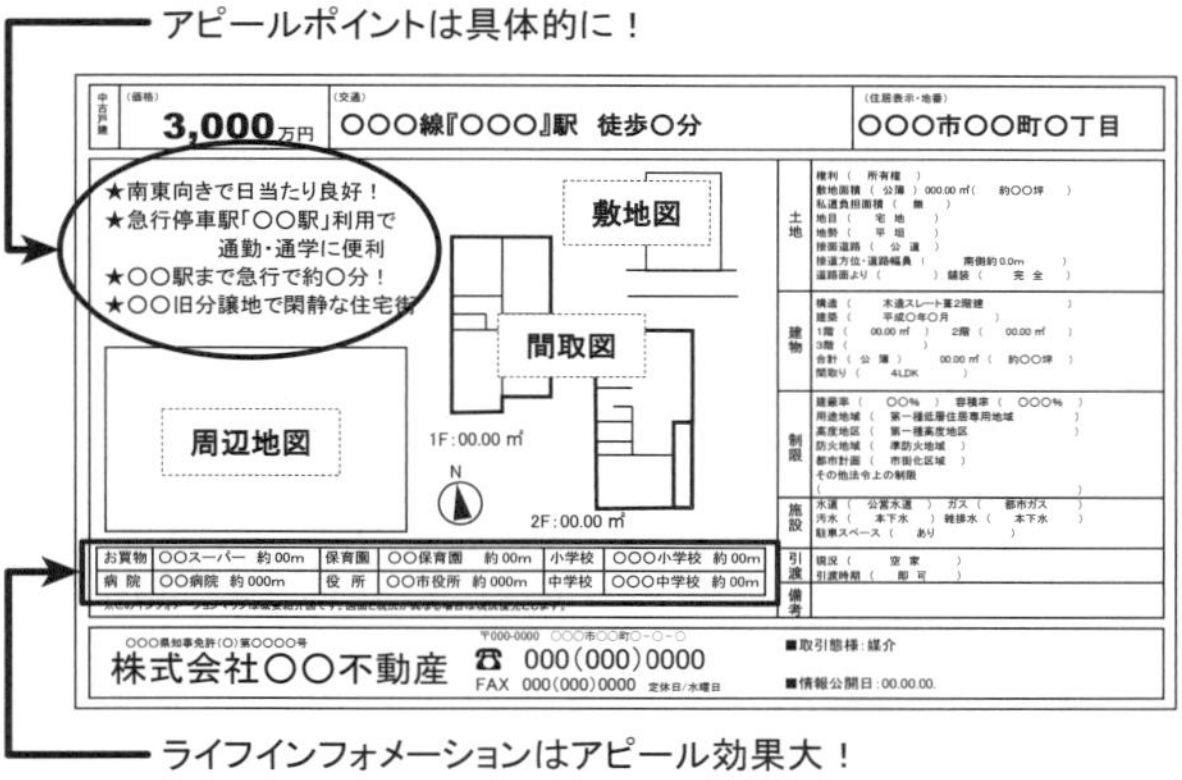

《レインズへの登録期限について》

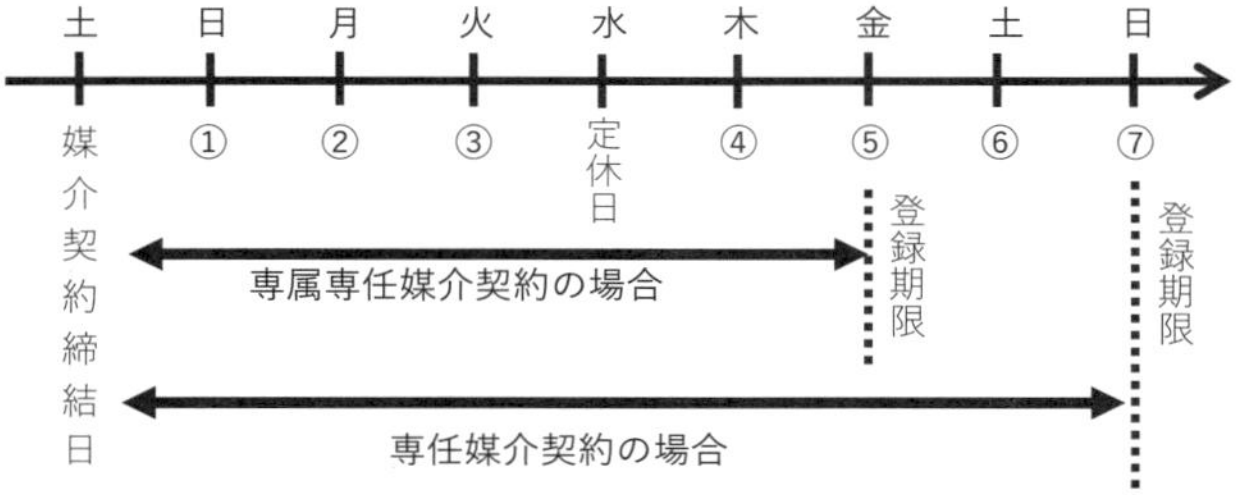

上記の場合、専任媒介契約とすれば、媒介契約を締結した後の最初の週末は、自社が独占的に販売活動できます！

7 レインズの「取引状況（ステータス）管理」

取引の透明性を高め、売主（依頼者）の利益を保護する目的でレインズには「取引状況（ステータス）管理」制度が導入されています。

これにより、「専任媒介契約」または「専属専任媒介契約」を締結した売主は、宅建業者より受け取る「各種証明書（登録・変更・再登録）」に記載された、①機構ホームページのアドレス（およびQRコード）、②確認画面にログインする際に必要なID（12桁の数字）およびパスワード（8桁の英数字）を利用して、インターネット上にある専用の確認画面から登録内容を直接確認することができます。そのため、宅建業者は売主に対して登録内容の確認手順についての十分な説明を行う必要があります。

なお、登録されている取引状況の変更は、原則として売主に確認をした上で事象発生の翌日から休業日を除き2日以内に行うことも説明しておきましょう。

この機能によって確認画面上で売主（依頼者）に提供される情報は、①登録物件の文字情報（主要項目）、②登録図面（画面上にある「図面の表示」をクリックするとPDFが表示されます）、③「取引状況」および「取引状況の補足」の設定内容、の3点です。

取引状況（ステータス）管理

「専任媒介契約」または「専属専任媒介契約」を締結した物件をレインズに登録する場合、以下の３種類から「取引状況」を必ず選択しなければなりません。

（1）「公開中」
他の宅建業者（いわゆる客付業者）から案内などが受けられる状態にあるときに設定するもので、原則として客付業者への紹介を拒否できません。

（2）「書面による申込みあり」
購入希望者や客付業者などから書面による購入申込みを受けた状態のときに設定するもので、原則として客付業者への紹介を拒否することができます。

（3）「売主都合で一時紹介停止中」
売主の意向もしくは了解を得た上で、売主の事情により一時的に物件を紹介できないときに設定するものです。

取引状況の登録内容が事実と異なる場合、宅建業法に規定する指示処分の対象となりますので注意してください。

8 販売活動と売主への対応

営業担当者は、媒介活動を通して購入希望者（買主となろうとする者）を探すことになりますが、必ずしも売主や宅建業者の思惑通りに見つかり、成約できるとは限りません。状況に応じて販売価格を修正したり、販売方法に工夫を凝らしたりしなければならないことも、実務においては決して珍しいことではないのです。

このとき、当然に売主の理解と協力が必要不可欠であることは言うまでもありませんから、営業担当者としては、売主との信頼関係を築くために、**活動状況のこまめな報告や連絡と、販売活動における戦略（広告手法や市場動向の変化への対応策）についての提案を積極的に行っていくことが大切**です。

また、中古住宅の売買では、品質などへの不安から購入希望者より指値《さしね》（＝値引きの交渉）が入る場合がほとんどです。そのため、売出価格は、あらかじめ指値を織り込んだものにしておくことが一般的ですが、売主には価格交渉が行われることへの心の準備をしておいてもらうことと、条件交渉が入った場合に、どこまで条件面で譲歩できるのか、譲れないラインを決めておいてもらうことも大切です。

効果的な業務処理報告とは?

依頼者であるお客様に対しては、
具体的な活動内容の報告をしましょう！

《主な報告項目》

（1）媒介契約の有効期限

（2）レインズへの登録期間

（3）今週の活動内容

　イ）実施した広告の媒体

　ロ）配布部数や折込した新聞名

　ハ）問い合わせ件数（問い合わせ内容）

　ニ）案内件数とその結果

　ホ）検討中のお客様情報（追客状況）

（4）今後の活動方針（広告の予定など）

（5）実際に配布した広告

（6）流通市場の動向（今後の見通しなど）

⇩

詳細かつ、こまめな報告が、今後の価格交渉などをスムーズなものにしてくれます！

専任媒介契約であっても、あえて1週間に一度、業務報告を行いましょう。そのひと手間が、お客様からの信頼を勝ち取ります！

column 10

指定流通機構への登録期限……その起算日はいつ？

指定流通機構への登録義務について、宅建業法施行規則では「媒介契約の締結の日から○日」としています。

一方、宅建業者が通常使っている標準媒介契約約款では、「媒介契約の締結の日の翌日から○日」となっています。

１日、ズレていますよね。

確かに、これら２つの文章を比較すると、１日の誤差が生じるように思われるかもしれませんが、実は、いずれも同じことを表している文章なのです。

なぜなら、民法によると「法文において期間の初日は算入しないこと」となっているからなのです。

つまり、「締結の日から○日以内」と法文に定められているものを、よりわかりやすく表現すると「締結の日の翌日から○日以内」という表現になるのですね。

ちなみに、法文で日数を初日から数えるような場合には、「○の日から起算して○日以内」と表現しますよ。

第4章

条件交渉から残金決済までの業務
（契約業務）

第1節　条件交渉と契約書類の作成

1　契約に向けた条件の交渉

条件交渉とは、売主から媒介業務の依頼を受けた宅建業者は売主の立場に立ち、また買主から媒介業務の依頼を受けた宅建業者は買主の立場に立ち、それぞれが媒介契約に基づいて提示されたお客様の希望（売買価格や取引条件など）にそった契約の締結ができるよう、取引の相手方に対して交渉を行い、売主と買主の双方の合意が得られるよう努力することです。

宅建業者は常に依頼者の立場に立って、公正に「条件交渉」を行う必要がありますが、もしも、売主と買主の双方から媒介業務を依頼されている場合（いわゆる「両手」）ならば、中立な立場で交渉を取りまとめるよう心がけましょう。

条件交渉の仲介を行うにあたっては、単に両当事者の言い分を相手に伝えるだけではなく、不動産取引のプロとして、**お客様の目的が達成できるよう、取引条件に関するアドバイスや提案を積極的に行うことが大切**です。例えば、売買価格についての条件交渉を行う場合、どちらか一方の意見を通そうとすると、なかなかまとまらないものです。そこで、査定価格を考慮しながら双方が妥結できる価格を提案することが交渉をまとめる上で重要になります。

また、すべての取引条件について売主と買主の双方の合意が得られるまでは、何度も交渉の場を設けて、繰り返し条件交渉に臨みましょう。不確定要素を残したまま契約の締結を行えば、後日トラブルが生じるのは明らかですから、焦らず、慎重に一つ一つ取引条件の取りまとめを行うことが大切なのです。

なお、このような条件交渉を行う場合、実務においては後日のトラブルを回避するため、必ず書面をもって行います。通常、買主から売主へ差し入れるのが「購入申込書」で、それに対して売主から買主へ返されるのが「売渡証明書」です（購入申込書については、「**第2章 第5節　現地案内からクロージング　8　購入に向けた申込みの取得**」を参照してください）。

契約に向けた条件面での合意ができたら、次は契約書類の作成となります。

2 重要事項説明書を作成しよう

宅建業者は、物件を取得しようとしている者に対して、その売買または交換の契約が成立するまでの間に、所定の事項について記載した書面（これが「重要事項説明書」です）を交付して、宅地建物取引士（以下「宅建士」といいます）に説明をさせなければなりません。したがって、**条件交渉で合意が得られたら速やかに重要事項説明書の作成を行いましょう。**

説明すべき重要事項は、通常取引の場合、「取引をする物件に関する重要事項」と「取引条件に関する重要事項」に大別され、宅建業法第35条で、それぞれについて説明すべき事項が定められています。

なお、宅建業者が業務を行う上で供託する供託所や加入する保証協会については、重要事項説明書の中で宅建士による説明が義務付けられているものではありませんが、実務では、重要事項説明書の中で説明するのが慣例となっています。また、宅建業者が普段の取引実務の中で使用している重要事項説明書には、統一された様式が存在するわけではありません。

各業界団体が会員向けに作成したものや、市販されているもの、各社が独自に作成したものなど、さまざまな様式の重要事項説明書が使用されているのが実情です。

重要事項説明書に記載すべき事項は?

通常の取引において、宅建業法第 35 条にて規定された説明すべき重要事項は、以下のものです。

物件調査などによって得られた内容を基に、重要事項説明書を作成しましょう。

物件に関する事項	(1) 登記された権利の種類等 (2) 法令に基づく制限の概要 (3) 私道負担に関する事 (4) ガス・水道・電気等の施設の整備状況 (5) 未完成物件の場合は完成時の形状・構造等 (6) 区分所有建物の場合は国土交通省令等で定める事項 (7) 既存建物に関する事 (8) その他国土交通省令等で定める事項
条件に関する事項	(1) 代金・交換差金・借賃以外に授受される金銭の額と授受の目的 (2) 契約の解除に関する事 (3) 損害賠償額の予定・違約金に関する事 (4) 手付金等の保全措置の概要 (5) 支払金・預り金の保証・保全措置の概要 (6) 金銭の貸借のあっせん内容と不成立のときの措置 (7) 担保責任（契約不適合責任）の履行に関する措置の概要

上記のほか、宅建業法第 35 条では、割賦販売の場合、宅建業者が自ら宅地建物を信託して当該信託受益権の売主となる場合について、それぞれ説明事項が規定されています。

3 「重要な事項」についての説明義務

宅建業法第35条に定められた重要事項は説明すべき最低限のことであって、これをもって宅建業者としての説明義務が十分に果たされたとは必ずしも言い切れないという認識を常に持っておくことが大切です。なぜなら、宅建業法第47条第1号により、宅建業者には、社会通念から一般人が契約するかどうかを決断する上で問題とするであろうと思われる重要なことについて告知・説明義務があるからです。

実務において、何が告げるべき重要な事項に該当するのかは取引ごとに検討する必要がありますが、建築や利用の制限、越境物などの「物件に関する問題」、浸水地域など「周辺環境がもたらす問題」、過去の事件、事故、火災などによる「心理的な問題」など、社会通念上、一般人ならば問題とするであろうと思われる事項を幅広く「重要な事項」と捉え、常に契約当事者の立場を理解した上で説明責任を果たすことが求められています。

なお、重要事項説明書の中で「重要な事項」については様式化された説明方法がないので、不動産取引に対して専門知識を持たないお客様でも十分に理解ができるよう、その表現方法などにも注意を払いながら説明することを心がけましょう。

重要な事項として主に告知・説明が必要なこと

物件に関すること	①　地役権・地上権・賃借権などの設定がある場合の建築制限、利用制限など ②　開発指導要綱による建築制限、開発負担金、公共用地提供など ③　法地・擁壁がある場合の建築物の構造制限や建築制限、利用制限など ④　越境物がある場合の利用制限など ⑤　再建築不可の場合の建築制限や利用制限など ⑥　同規模の建築が再建築できない場合の利用制限など ⑦　指定区域外にもかかわらず、土壌汚染などのおそれがある場合 ⑧　地中埋設物の存在による建築物への制限や費用負担など ⑨　石綿（アスベスト）使用有無が不明な場合の解体時における費用負担など
環境に関すること	①　周辺環境に影響を及ぼすおそれのある施設（主要道路、鉄道、飲食・風俗店、工場、養鶏場、清掃施設などによる騒音、振動、臭気など）の有無 ②　隣地や周辺空地の建築計画の有無（日照への影響など） ③　過去の浸水被害や地盤沈下の有無、および将来に向けたおそれの有無 ④　土壌汚染や大気汚染による健康被害の有無や、将来に向けたおそれの有無
心理的なこと	①　過去に自殺や火事があった場合の心理的な影響の有無 ②　墓地や宗教施設、暴力団事務所などがある場合の心理的な影響の有無

ある事実について告知すべきかどうか迷ったら、その時は告知をしましょう！“迷う”ということは、その事実を重要な事項と認識している証拠です。

4 宅建業者による「人の死の告知」について

過去に人の死が生じた「居住用不動産」を取引するにあたって宅建業者がとるべき対応に関し、宅建業法上負うべき義務の解釈について、現時点で一般的に妥当と考えられるものを整理した「宅地建物取引業者による人の死の告知に関するガイドライン（以下「告知ガイドライン」といいます）」が国土交通省により策定されています（令和3年10月）。

「告知ガイドライン」では、従来通り、「原則として、人の死に関する事案が取引の相手方等の判断に重要な影響を及ぼすと考えられる場合、これを告げなければならない。」としていますが、告知をしなくてもよい場合として、左ページのケースを挙げています。

なお、人の死について告げる場合は、事案の発生時期（特殊清掃などが行われた場合は発覚時期）、場所、死因および特殊清掃などが行われた場合はその旨を告げるようにしますが、亡くなった方やその遺族などの名誉および生活の平穏に十分配慮し、これらを不当に侵害することのないようにする必要があることから、氏名、年齢、住所、家族構成や具体的な死の態様、発見状況などについては告げる必要がないものとしています。

告知ガイドライン

●宅建業者が告知をしなくてもよいとしているケース

①【賃貸借・売買取引】
　取引の対象不動産で発生した**自然死、**または**日常生活の中での不慮の死**（転倒事故、誤嚥《ごえん》など）。※事案発覚からの経過期間の定めなし。

②【賃貸借取引】
　取引の対象不動産、または日常生活において通常使用する必要がある集合住宅の共用部分で発生した①以外の死、または特殊清掃等が行われた①の死が発生し、事案発生（特殊清掃等が行われた場合は発覚）から概ね３年間が経過した後。

③【賃貸借・売買取引】
　取引の対象不動産の隣接住戸、または日常生活において通常使用しない集合住宅の共用部分で発生した①以外の死、または特殊清掃等が行われた①の死。※事案発覚からの経過期間の定めなし。

　ただし、上記①～③に該当する場合でも、事件性、周知性、社会に与えた影響などが特に高い事案は告げる必要があります。

　また、人の死の発覚から経過した期間や死因にかかわらず、買主・借主から事案の有無について問われた場合や、社会的影響の大きさから買主・借主において把握しておくべき特段の事情があると認識した場合なども告げる必要があります。

CHECK「告知ガイドライン」の位置づけ

「告知ガイドライン」は、トラブルを未然に防止する観点から、現時点において裁判例や取引実務に照らして一般的に妥当と考えられるものを整理し、とりまとめたものです。
したがって、個々の不動産取引において、人の死の告知に関し紛争が生じた場合の民事上の責任については、宅建業者が「告知ガイドライン」に基づく対応を行った場合であっても民事上の責任を回避できるものではないということに留意する必要があります。

5 売主への守秘義務と買主への告知義務

宅建業法第45条および第75条の3では、宅建業者および使用人そのほかの従業者に対して守秘義務を規定していますが、これは無制限に課しているものではなく、正当な事由がある場合には守秘義務が解除されます。このことから、**宅建業者が説明義務違反や告知義務違反に問われる事項については、原則として守秘義務が解除されます。**

しかしながら、実務においては、プライバシーの問題として売主から事実の公表を強く拒まれることもあります。売主の意向に背いて宅建業者が買主へ説明した場合、後日、売主との間でトラブルになる可能性も考えられるため、それを防止するためには何らかの対策を講じておくことが大切です。

具体的には、宅建業者に課せられた宅建業法第47条第1号「重要な事項の告知義務」についての理解を得た上で、売主から、事実を買主へ説明することについての「告知同意書」などを得るようにするとよいでしょう。

万一、売主からの同意書が得られない場合には、媒介業務を中止するべきです。

守秘義務解除における正当事由とは?

(1)　法律上、秘密を告げる義務があるとき

例　裁判での証人など

(2)　秘密を取引の相手方などに告知する義務があるとき

例　売主の契約不適合責任に抵触する事項など

(3)　本人の承諾があるとき

(4)　ほかの法令に基づく事務のための資料として提出するとき

例　犯罪収益移転防止法による疑わしい取引の届出など

例えば……

過去に自殺があった物件で、その事実について、宅建業者が売主から告知された場合の対応は？

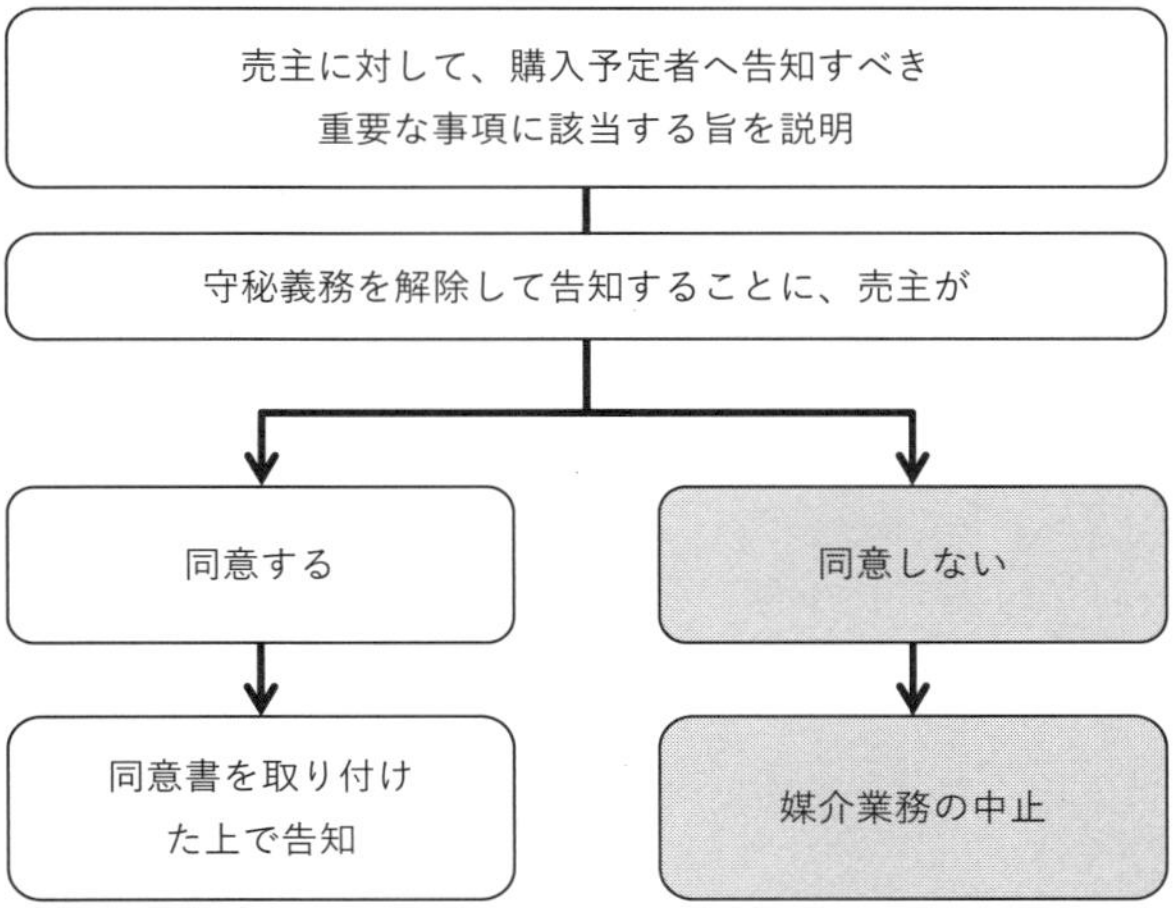

守秘義務の解除による告知は、購入希望者（買主になろうとする者）に限定した上で、他言しないよう要請するなどの配慮をすることも大切です。

6 「重要事項説明書」作成時の注意点

重要事項説明書は、購入希望者などの意思決定に重要な役割を担う書類ですから、誤記や記入漏れがないよう慎重に作成する必要があります。

ⓐ 売買契約書との整合性を図る

重要事項説明書には売買契約書と重複する箇所（取引条件に関する事項など）が多数ありますので、その内容の整合性が図られているかどうかに注意が必要です。

例えば、書式中に「別添、売買契約書（案）第○条の通り」とする場合には、重要事項説明書の説明を行う際に売買契約書（案）を添付して内容を説明する必要があります。

ⓑ 不動産登記簿の調査時期

重要事項説明とは、物件の「説明当日の状況」を説明するものですから、その調査は原則として説明の直前であることが求められます。

特に、不動産登記簿など短期間に変動が起こりうるものについては、可能な限り説明の直前に調査を行った上で説明をするよう努めなければなりません。

実務においては、あらかじめ重要事項説明を行う日取りが決められており、調査に十分な時間的余裕がある場合や、売主の置かれている状況に不安定要素があり宅建業者としての注意義務があると認められるような場合には、説明の当日か、あるいは直近日に調査を行った上で説明をするようにしましょう。

(c)　将来起こりうる利用上の制限や負担等の説明

重要事項説明書にある「法令に基づく制限の概要」や「生活関連施設」は、物件の使用収益に大きく影響を及ぼす部分ですから、現状の説明に留めるのではなく、将来起こりうる負担などについても可能な限り説明をするようにしましょう。

7 売買契約書を作成しよう

重要事項説明書の作成とともに、売買契約書の作成も行いましょう。

売買契約書は、売主と買主の双方が合意した取引の内容（条件）を明記したものであると同時に、万一、紛争が生じた場合に、その解決の基となる書面といった性格も併せ持つことになりますから、記載内容には十分な配慮が求められます。契約の当事者はもちろんのこと、第三者がその売買契約書を一読しても正確に内容が理解できるかどうか、また、法律に反する内容を記載していないかどうかなどに配慮をしながら慎重に作成する必要があります。

実務においては、宅建業者が宅建業法第37条第1項に基づく書面（これを「37条書面」といいます）の交付義務を果たしていることを明確にするため、**宅建業者が記名した売買契約書の交付をもって、「37条書面」の交付に代えているのが通例**ですから、一般的な売買契約書は「37条書面」としての要件を備えたものになっています。

なお、「37条書面」には、記載すべき事項として、「必要的記載事項」と「任意的記載事項」が規定されていますが、売買契約書では、これら以外にも契約の当事者間で定めた事項があれば当然にそれを明記しておきます。

売買契約書に記載すべき事項は?

必要的記載事項	①　当事者の氏名（法人の場合はその名称）および住所 ②　宅地・建物などを特定するために必要な表示 ③　既存建物の場合、当事者双方が確認した事項 ④　代金または交換差金の額（消費税含む）と、その支払時期および方法 ⑤　宅地・建物の引渡しの時期 ⑥　移転登記の申請の時期
任意的記載事項	⑦　代金および交換差金以外の金銭の授受に関する定めがあるときは、その額と授受の時期および目的 ⑧　契約の解除に関する定めがあるときは、その内容 ⑨　損害賠償額の予定、または違約金に関する定めがあるときは、その内容 ⑩　代金または交換差金についての金銭の貸借（ローン）のあっせんに関する定めがあるときは、その金銭貸借が不成立のときの措置 ⑪　天災、その他不可抗力による損害の負担（危険負担）に関する定めがあるときは、その内容 ⑫　契約不適合責任について定めがあるときは、その内容 ⑬　担保責任（契約不適合責任）の履行に関して講ずべき保証保険契約の締結その他の措置について定めがあるときは、その内容 ⑭　取引物件にかかる租税その他の公課の負担に関する定めがあるときは、その内容

※　下線のあるものは重要事項説明と重複する箇所です。

宅建業者が売主の場合、契約当事者が合意した場合でも、宅建業法に定める「8種制限」に反する内容を定めることはできません！

8 売買契約書にある条項と民法との関係

宅建業者が普段の取引実務の中で使用している売買契約書には統一された様式がありません。不動産適正取引推進機構が公表している「標準売買契約書」をはじめ、業界団体などが会員向けに配布しているものや市販されているもの、各社が独自に作成したものなどがある中で、各宅建業者がそれぞれ様式の異なる売買契約書を使用しているのが実情です。

このような状況下において、**宅建業者が使用している一般的な売買契約書では、一部、民法の規定と異なる内容を契約条項として記載しています。**

そもそも民法には、その規定に対し絶対に従わなければならない「強行規定」と、民法の規定にかかわらず当事者間の自由意思によって定めることが出来る「任意規定」があります。

そして、任意規定に該当するものについて民法の規定と異なる内容を定めた場合には、「民法上の特約」といった位置づけになります。

したがって、宅建業者が使用している一般的な売買契約書において民法の規定と異なる条項が定められている部分は、「民法上の特約が定められている」と解釈してください。

民法の定めと一般的な売買契約書の違い

一般的な売買契約書で、民法の定めと異なる定めをしているケースをいくつかご紹介します。

例1．所有権移転の時期

民　法	一般的な売買契約書
売買契約が成立した時。	売買代金全額の支払い、所有権移転登記、物件の引渡し、のいずれかの時に定める。

例2．所有権移転登記の費用負担

民　法	一般的な売買契約書
売主に所有権移転登記を行う義務があることから、債務者である売主。	所有権移転登記によって買主が利益（第三者対抗力）を得ることから買主。

例3．手付解除期限

民　法	一般的な売買契約書
相手方が履行に着手するまで。	相手方が履行に着手するまでまたは手付解除期限が到来するまで。

例4．種類または品質に関する契約不適合責任（買主の通知義務）

民　法	一般的な売買契約書
不適合を知ったときから1年以内に売主へ通知することで買主は権利行使できる。	物件の引渡し日から一定期間内に売主へ通知することで買主は権利行使できる。

宅建業者が自ら売主となり、その相手方が非宅建業者である場合、宅建業法が規定する8種制限に該当する部分の契約条項について、一般的な売買契約書では、原則として民法の定めに従う内容になっています。

定形書式として、すでに定められた契約条項の内容を変更する場合、該当部分を直接修正するのではなく、特約条項を別途設けて対処しましょう！

9　特約条項を設けるときの注意点

通常の契約書にある様式化された条項では対応できないような取引条件を定めた売買契約を締結する場合、取引の安全を図るために「特約条項」を設けて、その内容を明確にしておく必要があります。また、特約条項として定めた内容は、原契約の条項に優先して適用されることになるため、**売買契約書に定められた内容に反することを当事者間の合意事項として定めることも可能**です。

ただし、公序良俗に反することを目的とする法律行為や、民法の強行規定に反する法律行為は無効とされますので、特約条項を作成する際には十分な配慮を心がけましょう。

また、契約の当事者間のみでは必ずしも履行できると限らないような内容の特約条項を設ける場合には、より慎重に条項文を作成する必要があります。

例えば、契約当事者と関係のない第三者の承諾や許可などを要するような内容の特約条項を設ける場合には、売主の責任に帰することができない事由で、その特約条項の履行ができなくなった場合の対処についても特約条項内で言及しておくことが、後日のトラブルを起こさないためのポイントになります。

特約条項を作成するときのポイント

特約条項を設ける場合、「契約の当事者が優先的に希望する約定内容」と「履行できなかった場合の対処方法」の両方を併記しておくとトラブルを防止する効果が期待できます。

《作成例》

土地の測量および境界標の設置について。

1．売主は、自己の責任と負担において、本契約第○条に定める期日までに、隣接地所有者の署名押印された境界確認書を作成し、現況測量図と共に買主へ交付するものとします。

2．前項に定める測量の結果得られた境界点において、本物件○側角（地番；○○番○および○○番○との境界点）部分に金属プレート等による境界標を設置するものとします。

（1・2：契約の当事者が希望する約定部分）

3．買主は、売主が第１項に基づく測量を行うにあたり、売主の責めに帰すことができない事由により、隣接地所有者の境界承諾が取得**できなかった場合には、**売主の指示する境界点により測量することを、あらかじめ承諾するものとし、これにつき一切の異議を申し出ないものとします。

（3：履行できなかった場合の対処方法）

問題が生じてからの対処では遅すぎます！
事前に起こりうる問題を予測して、対処法を先に決めておくのがトラブル防止の秘訣です。

column 11

「公簿売買」と「実測売買」……どちらの方法を選べばいいの？

土地売買の方法には公簿売買と実測売買があります。どちらを選ぶのかは契約当事者であるお客様が決めることですが、物件の状況によって適したほうを選択できるようアドバイスをしましょうね。

●公簿売買（代金固定型）とは

登記簿に記録された面積（これを「公簿面積」といいます）をそのまま売買対象面積として取引するもので、売買代金も確定したものとして契約することになります。

一般的に、測量費が売買価格と比べて多額になる場合や取引を急いでいる場合、あるいは公簿面積に信頼性があると認められるような場合に適した方法ですね。

●実測売買（代金固定型）とは

契約締結時にすでに測量が完了していることから、実測面積を基準に売買を行うものです。この場合、当然に売買代金も確定したものとして契約することになります。

●実測売買（代金清算型）とは

ひとまず公簿面積を基に売買契約を締結し、その後、測量を行った上で、契約面積との誤差が生じた場合には、残代金支払い時に売買代金の精算をしようというもので、公簿面積に信頼性が乏しい場合や、土地の境界線が不明確である場合に適した方法ですね。

通常、精算単価は１㎡当たりの金額を定め、小数点以下２桁までの面積で精算を行うのが一般的です。３．３㎡当たり（いわゆる「1坪当たり」の趣旨）の金額での精算は誤差が生じるおそれがあるので、原則として採用しませんね。

column 12

契約条項にある「履行の着手」って、いつのこと？

売買契約書の条文を読んでいると、「履行の着手」という聞きなれない言葉が出てきますよね。

さて、いったい何をもって履行に着手したと判断されるのでしょうか？

実は、必ずしも明確なものがあるわけではないのです。

判例によると、一般的な売買契約において行われる通常の行為ではなく、その売買契約“固有の取引条件に基づく行為”（＝特定の売主または買主のために行われる行為）をした場合に履行の着手と考えられているようですよ。

例えば、未完成の新築分譲住宅を契約した場合、契約後に行われる建築行為は、契約と関係なく予定されていたものですから、この行為をもって「履行に着手した」とは解されないのが一般的です。

また、買主が契約後に住宅ローンの申込を行う行為も特別なものではなく、一般的な行為ですから、履行の着手には当たらないと解されています。

では、履行の着手に該当する行為としては、具体的に、どのようなものが考えられるのでしょうか。

例えば……

売主については、「所有権移転の仮登記申請をした」とか、「契約条件であった土地の分筆登記の申請をした」などが該当しますし、買主については、「内金（中間金）の支払をした」などが該当するといわれていますね。

第2節　重要事項の説明と売買契約の締結

1 契約締結までに重要事項の説明をしよう

物件の購入を検討しているお客様が最終的に契約するかしないかの判断をするために、目的物件や取引条件などの重要なことについて説明するのが重要事項説明です。

したがって、物件調査で得られた内容などを基に重要事項説明書を作成し、宅建士が記名した上で買主へそれを交付し、**売買契約が成立するまでの間に宅建士が宅地建物取引士証（以下「宅建士証」といいます）を提示した上で説明**することになります。

複数の宅建業者が取引に関与している共同仲介の場合には、すべての宅建業者が重要事項の説明義務を負うことになりますが、「すべての宅建業者が取引にかかる重要事項説明書を共同で作成したことと、一業者が代表して説明を行う」旨を買主であるお客様に説明した上で、一人の宅建士が代表して説明すればよいことになっています。また、取引の安全性を高めるため、実務では売主に対しても重要事項説明を行うことが一般的となっています。

なお、取引の効率化を図るため宅建業者が取得者となる場合、重要事項説明について、実際の説明は要せずに書面交付のみで足りるものとなります。

不動産取引で重要な役割を担う「宅建士」

●資格試験から宅建士証の交付まで

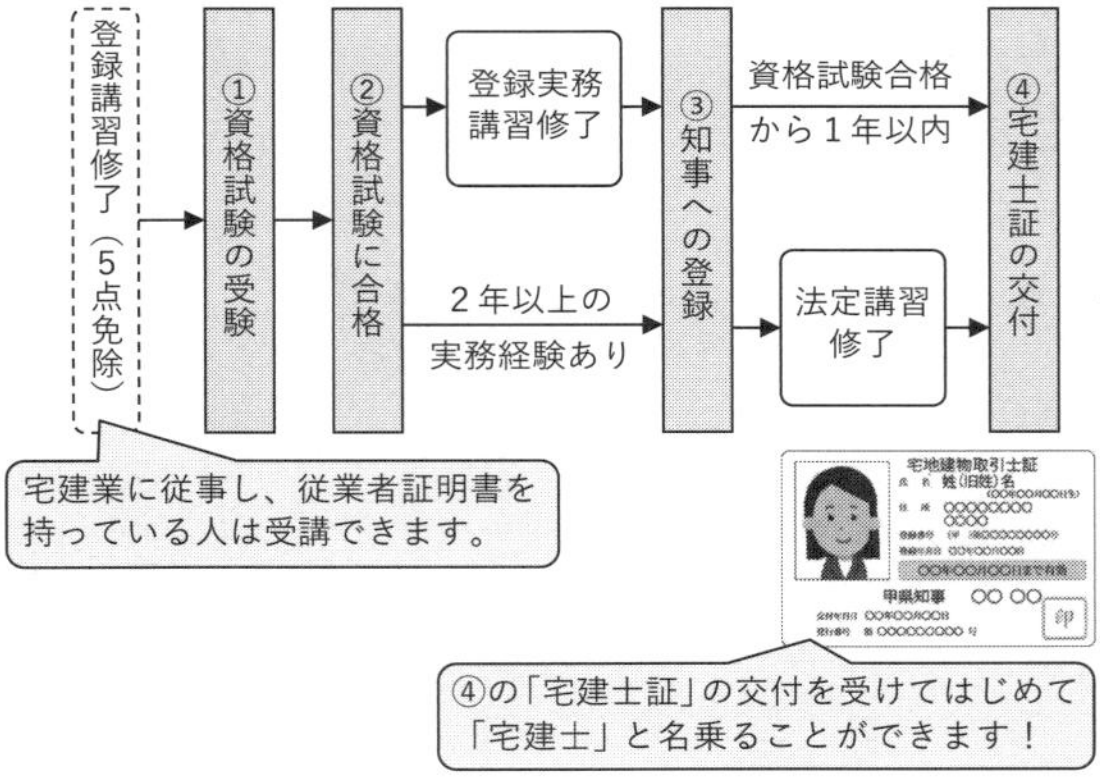

●宅建士の責務

宅建士には「顧客保護」と「取引の安全確保」という大きな役割が求められています。そのため、宅建業法では３つの専管事務を定めています。

イ）重要事項の説明
ロ）重要事項説明書への記名
ハ）契約成立時に交付すべき書面（37条書面）への記名

つまり、宅建士は、不動産取引を行う上で重要な資格なのです！

宅建士の資格試験は、年齢、性別、学歴等に関係なく誰でも受験が可能です。
資格試験は四肢択一50問マークシート方式で行われ、例年10月の第３日曜日に実施されています。

多くのお客様にとって「宅地建物取引士」の資格は安心と信頼の証となるものです。お客様のために、そして自分のためにも、ぜひ、取得してください！

2　電磁的方法による提供

令和4年5月18日より**「媒介契約書」、「重要事項説明書」、「37条書面」、および、指定流通機構への登録を証する「登録済証」については、紙による交付に代えて電磁的方法による提供が可能になりました。**電磁的方法による提供とは、電子的に作成した書面（以下「電子書面」といいます）を、電子メールなどを活用して相手方に提供するものです。

電磁的方法による提供をしようとする場合は、あらかじめ電子書面を提供する方法および電子書面のファイルへの記録方式（例えば、「エクセル」や「ＰＤＦ」などのソフトウェアの形式やバージョンなど）を説明した上で相手方の承諾を得る必要があります。承諾を得た場合でも、その後、電磁的方法による提供を受けない旨の申出があった場合は、それに応じる必要があります。取引の継続を拒否するものでなければ、従来のように紙による書面の交付方法に切り替えて対応しましょう。

なお、他にも遵守すべき点や留意すべき点などが多くあることから、国土交通省が策定した「重要事項説明書等の電磁的方法による提供及びＩＴを活用した重要事項説明実施マニュアル」を必ず確認してから実践してください。

電磁的方法による提供をするときの注意点

●電子書面を提供する方法

電子書面を提供する場合は、以下のいずれかの方法により行う必要があります。

イ）電子メール等により提供
ロ）Web ページからダウンロード形式により提供
ハ）電子書面を記録した CD-ROM や USB メモリ等の交付
※　重要事項説明書等（媒介契約書、重要事項説明書、37 条書面）の電子書面を提供した際には、相手方に対して提供した旨の通知が必要となります。

●相手方から承諾する旨の取得方法

電磁的方法による提供を受けることについての承諾は、以下のいずれかの方法により取得する必要があります。

①　承諾する旨を記載した書面（紙）を受領
②　承諾する旨を電子メール等で受信
③　Web ページ上で、電子書面を提供する方法および電子書面のファイルへの記録方式を示し、Web ページ上で承諾する旨を取得
④　承諾する旨を記録した CD-ROM や USB メモリ等の受領

なお、上記②～④の方法により承諾を得る場合は、その旨を記載した電子書面を書面（紙）に出力可能なファイル形式で取得する必要があります。また、電磁的方法による提供を承諾した者から、提供を受けない旨の申出があった場合も同様の方法で拒否する旨を取得する必要があります。

●電子書面の要件

重要事項説明書等において、電磁的方法による提供をする際に用いる電子書面は、以下の要件を満たすものである必要があります。

①　提供を受ける相手方が出力することにより書面（紙）を作成できるものであること
②　電子書面が改変されていないかどうかを確認することができる措置（例えば、電子署名やタイムスタンプの活用）を講じていること

3 「重要事項説明書」を説明するときの注意点

(a) 説明する宅建士が記名する

重要事項説明書の交付に当たっては、宅建士が記名しなければならないのですが、宅建士の記名には、口頭による説明と重要事項説明書の内容とが一致していることを確認する意味があり、国土交通省による重要事項説明書の様式に「説明をする宅地建物取引士」とあることからも、実際に説明をする宅建士が記名するべきです。

(b) 宅建士証を提示しながら説明する

宅建士が説明をするときは、説明の相手方に対し、宅建士証を提示しなければなりません。提示の仕方としては、宅建士証を胸に着用するなどの方法により、説明をしている間、相手方などが常に確認できる状態にしておく必要があります。

なお、提示に当たり、個人情報保護の観点から、宅建士証の住所欄にシールを貼ったうえで提示しても差し支えありませんが、シールは容易に剥がすことが可能なものとし、宅建士証を汚損しないよう注意することが求められています。

(c) 相手方の理解を得る

重要事項説明書はとても専門的なものです。そのため、説明後に「何かご質問はありますか？」と尋ねても「何がわからないのか？　が、わからない」といったお客様もいます。これでは、重要事項説明の義務を果たせたとは言えません。したがって、なるべく専門用語の使用を避けるとともに、説明した内容について相手方の理解が得られたかどうかを確認しながら読み進めるといった、丁寧な説明を心がける必要があります。

(d) 推測や見込みで説明しない

今後の予定や計画事項などを説明する際には、誤解を与えないような説明をする必要があります。例えば「都市計画道路が計画決定されていますが、事業決定されることはないでしょう」というような根拠のない見込みに基づく説明をしてはいけません。

(e) 交付して説明する

宅建業法では、重要事項説明書を交付（電磁的方法による提供を含む）して説明するよう定めています。したがって、重要事項説明書をお客様に渡して、「書いてあるとおりです」とか「読んでおいてください」とするのでは説明義務を果たしたことにはなりません。

4　ＩＴを活用した重要事項説明をするときの注意点

重要事項説明は、ＩＴを活用したオンライン形式で行うこともできます（以下「ＩＴ重説」といいます）が、注意すべき点がいくつかあります。

例えば、**ＩＴ重説をしようとする場合は、説明を受ける相手方の承諾を得る必要があります。**承諾を得る方法としては、後日のトラブルを防止するためにも、書面または電子メールなどの記録として残る方法で行うことが望ましいです。また、あらかじめ重要事項説明書等を交付（電磁的方法による提供を含む）しておいたり、相手方のＩＴ環境がＩＴ重説を実施する上で十分なものであるかどうかを確認したりしておく必要があります。

なお、**ＩＴ重説で用いる重要事項説明書等は、書面（紙）もしくは電子書面のどちらでも構いません**が、電子書面でＩＴ重説を行う場合、相手方の画面において、電子書面と説明中の宅建士の画像が同時に閲覧可能であることが必要となるため、画面が小さいなどの理由から閲覧が困難な場合には、電子書面を出力して書面（紙）を用意してもらうなどの対応を相手方へ依頼する必要があります。詳しくは、国土交通省が策定した「重要事項説明書等の電磁的方法による提供及びＩＴを活用した重要事項説明実施マニュアル」を確認してください。

ＩＴ重説の基本ルール

（１）　相手方への意向確認

ＩＴ重説を実施することについて説明の相手方へ意向確認を行い、**承諾を得る**こと。

（２）　ＩＴ環境

説明を受けようとする者が、図面等の書類や説明内容について十分に理解できる程度に映像を視認でき、かつ、音声を聞き取ることができるとともに、**双方向でやりとりできる環境**であること。

（３）　書面の事前送付

宅建士が記名した重要事項説明書等を、説明を受けようとする者へ**あらかじめ交付**（電磁的方法による提供を含む）しておくこと。

（４）　説明方法

説明を受けようとする者が、**重要事項説明書等を確認しながら説明を受けることができる状態**にあること。また、映像・音声の状況について宅建士が事前に確認をしておくこと。

（５）　宅建士証の提示

宅建士が、宅建士証を提示し、説明を受けようとする者が、**画面上で宅建士証を視認できたことを確認**すること。

（６）　ＩＴ重説の中断・中止

宅建士は、ＩＴを活用した重要事項の説明を開始した後、映像を視認できない、または音声を聞き取ることができない状況が生じた場合には、直ちに説明を中断し、その状況が解消された後に説明を再開すること。なお、中断した原因の把握等ができず、原因解消が困難な場合はＩＴ重説を中止すること。

（７）　本人確認

売買取引の場合は、説明の相手方が契約当事者本人であることを確認すること（例えば、運転免許証等による本人確認を行うなど、犯罪収益移転防止法に基づく本人確認方法による）。

ＩＴ重説の録音・録画を行う場合、宅建業者と説明を受ける相手方の双方了解のもとで行うようにし、記録は個人情報保護法に則った管理をしましょう。

5 契約の締結に関する宅建業法上のルール

重要事項の説明が終われば、次はいよいよ売買契約の締結となります。

民法では、口頭による当事者間の合意だけで有効に契約は成立するものとされていますが、宅建業者が売買または交換に関して、自ら当事者として契約を締結したとき、あるいは代理または媒介して契約を締結したときは、契約の成立後、遅滞なく「37条書面」を交付（電磁的方法による提供を含む）する義務を負っています。

ⓐ　契約締結時期の制限

宅建業者は、宅地の造成または建物の建築に関する工事の完了前において、その工事に関して必要とされる都市計画法第29条第1項または第2項の「許可」、建築基準法第6条第1項の「確認」、そのほか法令に基づく許可の処分で、政令で定めるものがあった後でなければ、自ら売主もしくは代理として契約を締結したり、媒介をしたりすることが禁止されています。

例えば、建築確認申請に基づく「建築確認」がおりていない状態にもかかわらず、新築建売住宅としてお客様と契約をする行為は禁止事項に該当します。

りません。

(b) 宅建士の記名

宅建業者が「37条書面」を交付する場合、作成した書面には宅建士が記名をしなければなりません。

例えば、宅建業者が自ら売主として他の宅建業者の媒介により契約が成立した場合、売主業者と媒介業者はそれぞれ自社の宅建士に記名をさせる必要があります。

記名する宅建士は、専任の宅建士である必要も、当該契約の締結までに行う重要事項説明を行った宅建士である必要もありません。しかし、実務においては、重要事項説明を行った宅建士がそのまま契約にも立会い、売買契約書への記名を行うというのが自然な流れだと思います。

なお、宅建士が「37条書面」に記名したからといって、その契約の履行について宅建士個人が単独で保証をしたと解されるものではありません。あくまでも、その契約に対して、宅建業者が宅建士をして注意義務を尽くして行った契約であることの宣言であると考えられています。

6　契約の締結に向けて準備すること

契約の締結にあたっては、売主であれば権利証や印鑑登録証明書など、買主であれば手付金や住宅ローンの申込みに必要な書類などを、それぞれ準備してもらわなければなりませんから、宅建業者は、お客様の準備にかかる期間などを考慮した上で契約の締結日を調整するようにしましょう。

また、契約を締結する場所としては、媒介を行う宅建業者の事務所（店舗）で行うのが一般的ですが、売主または買主の申出により、お客様の自宅や勤務先の会社などで行う場合もありますので早めに確認をしておきましょう。

契約日時と場所が確定したら、契約締結の当日に各々が持参してもらうものを含めて、その内容を書面にして、お客様へ連絡をします。

なお、契約締結の当日になって必要書類などに不備があると、契約行為そのものに大きな支障をきたすことになりますので、お客様へ早めに連絡をするだけでなく、内容について問題がないかなど改めて確認することが大切です。

契約の締結に向けて準備するもの

売主	①　権利証 ②　印鑑（認印あるいは実印） ③　身分証明書（運転免許証など） ④　印紙（契約書貼付用） ⑤　固定資産税・都市計画税の納税通知書 ※確認通知書、検査済証、建築協定書など ※管理規約・使用細則（マンションの場合） ※仲介手数料
買主	①　印鑑（認印あるいは実印） ②　手付金 ③　印紙（契約書貼付用） ④　身分証明書（運転免許証など） ※仲介手数料 ※住宅ローンを利用する場合は、その必要書類
宅建業者	①　売買契約書・告知書・付帯設備表 ②　重要事項説明書（写し） ③　契約補足資料（登記事項証明書、地図、測量図など） ④　手付金用の領収書（売主が個人の場合） ⑤　媒介契約書（写し） ⑥　契約書用ファイル（契約関係書類の収納用） ⑦　朱肉、調印用具一式 ⑧　取引時確認（本人申告用）顧客カード・確認記録用紙 ※仲介手数料の領収書（売主、買主あて） ※印紙（仲介手数料の領収書貼付用） ※ローン申込書類一式

「※」印については、必要に応じて用意するものです。

お客様が準備するものは意外と多いものです。お客様が余裕をもって準備できるよう、書面による早めの案内を心がけましょう。

7　契約締結の当日業務（対面形式による場合）

売買契約の当日は、契約当事者に対して犯罪収益移転防止法に基づく取引時確認を行うことからはじめます。確認作業が終了したら、あらかじめ媒介をする宅建業者が記名を済ませた売買契約書と契約条項を読み上げます。この読み合わせは、契約内容の確認を改めて行うことが主な目的で、売主と買主の双方の権利や義務を再確認するとともに、双方が履行の義務に努めるよう促すことが目的です。

そして、売買契約の内容について特段の異議がなければ契約は成立となりますので、収入印紙を貼付し、売主と買主のそれぞれが売買契約書へ署（記）名押印と印紙の消印をすることで売買契約書が完成します。

実務では、この売買契約書を売主と買主の双方へ交付し、それぞれが保有することで、宅建業法第37条に定める交付すべき書面に代えることが通例となっていますから、契約書類一式を専用のファイルなどに納めてお客様へ渡してください。

なお、媒介業務を行う宅建業者は、お客様に了解を得た上で売買契約書などの写しを保有するようにします。

契約締結の流れ

犯罪収益移転防止法に基づく
取引時確認（本人申告用顧客カードへの記入）
※確認記録の作成

↓

売買契約書および契約条項の読み合わせ
（宅建士である必要はありません）

契約内容に問題なし

↓

売買契約書へ収入印紙を貼付

↓

売主と買主の双方が署（記）名押印、印紙の消印
（宅建業者と宅建士は事前に記名しておきましょう）

↓

手付金の授受と領収書の受け渡し

契約書類一式をコピーして宅建業者の保管用とします。

↓

契約書類一式をファイルして契約当事者へ交付
（管理規約など重要なものは写しを買主へ渡しておきます）

↓

仲介手数料の受領
（媒介契約書の約定によります）

↓

※犯罪収益移転防止法に基づく取引記録の作成
※レインズ登録物件の場合は成約報告

「※」印は、通常、お客様が帰られてから営業担当者が行う業務です。

8　報酬の受領に関する注意点

宅建業者が報酬を受け取るのは、「37条書面」を作成して契約の当事者へ交付した後（つまり、契約が有効に成立した後）でなければなりません。

報酬の受領は媒介契約書に明記された内容に従って行うことになりますが、契約の成立時に報酬額の半金を受領し、残金決済のときに残額を受領するというのが一般的でしょう。ただし、何らかの条件付で売買契約を締結している場合には、報酬の受領時期などに関して注意が必要です。

ⓐ　停止条件付きの契約をしたとき

売買をするにあたり何らかの条件が満たされなければ、その契約の目的が達成されないような場合、その条件成就を条件に契約を締結することがあります。これを停止条件付きの契約といい、代表的なものとしては「建築条件付売地」の契約などが挙げられます。

この契約形態では、条件が成就したときに、はじめて契約が有効に成立をして効力が発生することになりますから、報酬の請求および受領は、契約を締結したときでなく条件が成就したとき以降となります。例えば、建築条件付売地の契約をした場合、契約した土地に建物を建築するための建築工事請負契約を締結したときが条件成就のときとなり、報酬の請求および受領ができるときになります。

⒝　解除条件付きの契約をしたとき

売買をするにあたり何らかの条件が満たされたら、その契約が取り消されることを条件に契約を締結することがあります。これを解除条件付きの契約といい、代表的なものとしては、「ローン特約」付きの契約が挙げられます。この契約形態では、条件が成就したときに一度成立した契約が取消しによりその効力を失うことになります。したがって、ローン特約によって契約が解除された場合は報酬の請求権自体が消滅してしまうため、契約成立時に報酬を受け取っていた場合には、遅滞なくその全額を返還しなければなりません。

⒞　媒介契約上の義務違反に起因する契約解除

宅建業者の調査不足などによりお客様が契約の目的を達成できなくなったため、その契約が解除された場合には報酬の請求権も消滅します。したがって、契約成立時に報酬を受け取っていた場合には遅滞なくその全額を返還しなければなりません。

第3節　契約締結後のサポート業務

1　契約締結後に行うサポート業務とは

一般的な売買契約では、契約の締結から数週間または数ヵ月後に、買主から残代金の支払いと、売主から物件の引渡し（これを「残金決済および引渡し」といいます）が行われます。

そして、この間において、定められた期日までに契約当事者がそれぞれ売買契約書の中で約束した義務を果たさなければ、契約そのものが解除されたり、あるいは損害賠償などの生じない契約解除権（例えば、解除権留保型の「ローン特約」に基づく契約解除権など）を失うことで損害賠償金または違約金の支払いなどが発生する可能性があります。

これでは、売買契約を締結できたとしても、宅建業者としての職責を果たしたとはいえません。

そこで、取引の媒介にあたる宅建業者は、契約締結後も契約当事者に対して期日までの履行を促すなどして、残金決済および引渡しが滞りなく行われるよう努力をしなければならないのです。

契約締結後に行う主なサポート業務

売主と買主の双方が売買契約書に明記された約定事項を確実に履行できるよう、積極的なサポートを実践しましょう！

(1)　買主の利用する住宅ローンの手続き

(2)　売主による「境界の明示義務」の履行

(3)　土地・建物の現況確認

（測量や分筆・合筆が契約条件である場合、契約時未完成建物の売買、建物解体後の更地渡し売買では特に注意が必要）

(4)　付帯設備の確認（設備の有無と使用可能かどうか）

(5)　司法書士の決定と登記費用の確認

(6)　登記に必要な書類などの確認
（抵当権などの設定がある場合には、その抹消関係に注意）

(7)　利害関係者からの承諾書が必要な場合はその取得
（私道における通行掘削工事の承諾書など）

(8)　法令に基づく許可・届出（農地法など）が必要な場合は、その手続き

(9)　借家人などがいる場合は、立退き、あるいは継承事項と手続きの確認

不動産取引に不慣れなお客様にすべてを任せるのではなく、プロとしてサポートしていくことが安全取引を実践するためのポイントです。

2 買主が利用する住宅ローンの手続き

買主が住宅ローンの利用を予定している場合には、売買契約の締結後、速やかに申込み手続きへ入るようにしましょう。なぜなら、買主保護の観点から、住宅ローンの借入が金融機関により否認された場合に備えて、期限を設けた上、買主に対する契約解除権を設けて売買契約を締結するのが一般的だからです（これを、通常「ローン特約」といいます）。

住宅ローンの貸出審査は、申込人に対する審査と購入する物件に対する審査に大別され、両方の審査に合格する必要があります。具体的な審査の内容や合格基準などは金融機関によって異なり、詳細は公表されていませんが、いずれにしても審査にはある程度の時間を要するものですから、**ローン特約による契約解除期限のことを考えれば、売買契約の締結後、1日でも早く申込みを済ませるべき**です。

なお、すべての金融機関が行っているものではありませんが、審査にかかる時間を短縮することと、融資否認による契約解除のリスクを軽減させることを目的に、売買契約の締結前に事前審査を行い、仮承認を得た上で売買契約の締結を行うほうが望ましいです。

住宅ローンの申込みから実行まで

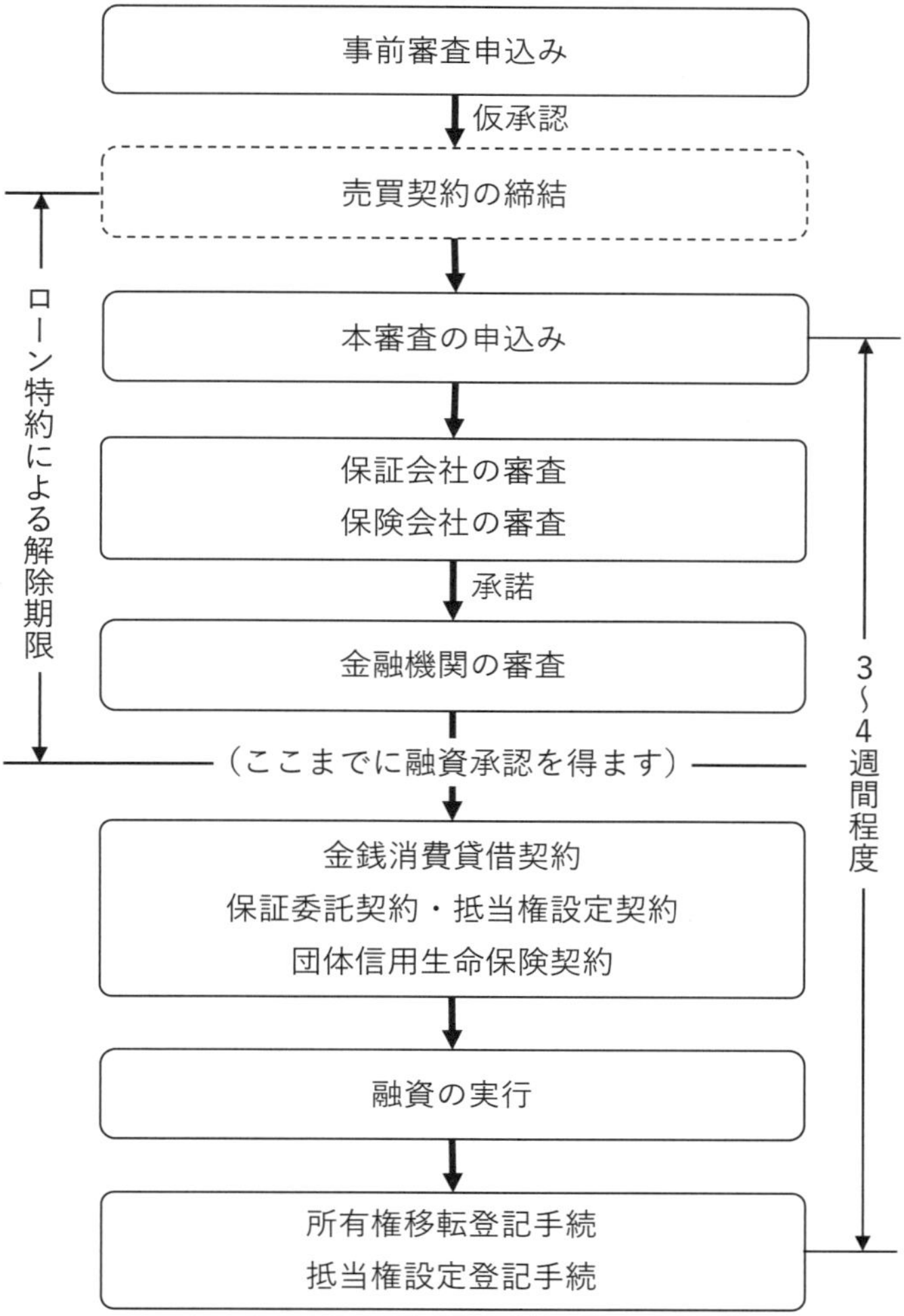

※　民間金融機関の一般的な流れです。

3 住宅ローンの融資が否認されたときの注意点

住宅ローン審査の結果、残念ながら融資が否認された場合、売買契約書にあるローン特約の定めに従って対処することになりますが、ローン特約には解除に至るまでの必要な手続きが異なる「解除条件型」と「解除権留保型」の2種類がありますので注意が必要です。

例えば、「融資が否認された時、本契約は自動的に解除される（あるいは消滅する）」と契約条項の中で定めているのが「解除条件型」であり、このタイプの特約では、融資が否認された時点で当然に契約の効力が失われることになります。一方、「融資が否認された時、本契約を解除することができる」と契約条項の中で定めているのが「解除権留保型」であり、このタイプの特約では、融資が否認されたときに申込人（買主）が契約解除を申し出ることによって契約の効力が消滅することになります。したがって、解除権留保型のローン特約が設けられた売買契約を締結している場合には、融資が否認されたことを理由に契約を解除するかどうかについて、解除期限までに買主の意思を確認しなければならないのです。

なお、ローン特約により契約を解除する場合、後日のトラブルを防止するために、**「契約解除に関する覚書」などを締結しておくのが一般的な対応**となります。

異なる「ローン特約」の仕組み

●解除条件型のローン特約の場合

住宅ローンが否認されると、自動的に売買契約は解除されます。

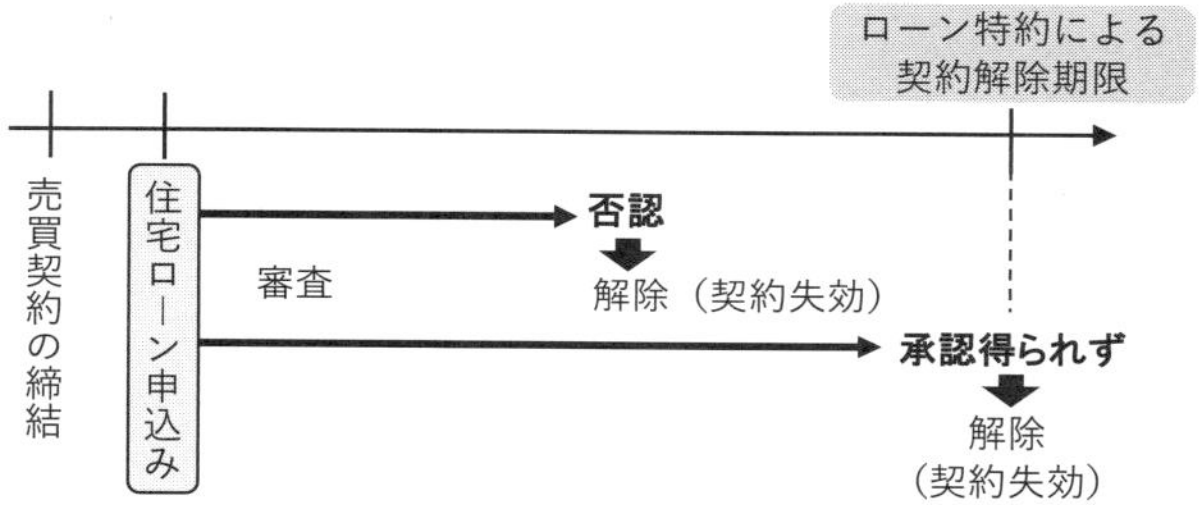

●解除権留保型のローン特約の場合

住宅ローンが否認されても、買主からの申し出がなければ契約は解除されません。

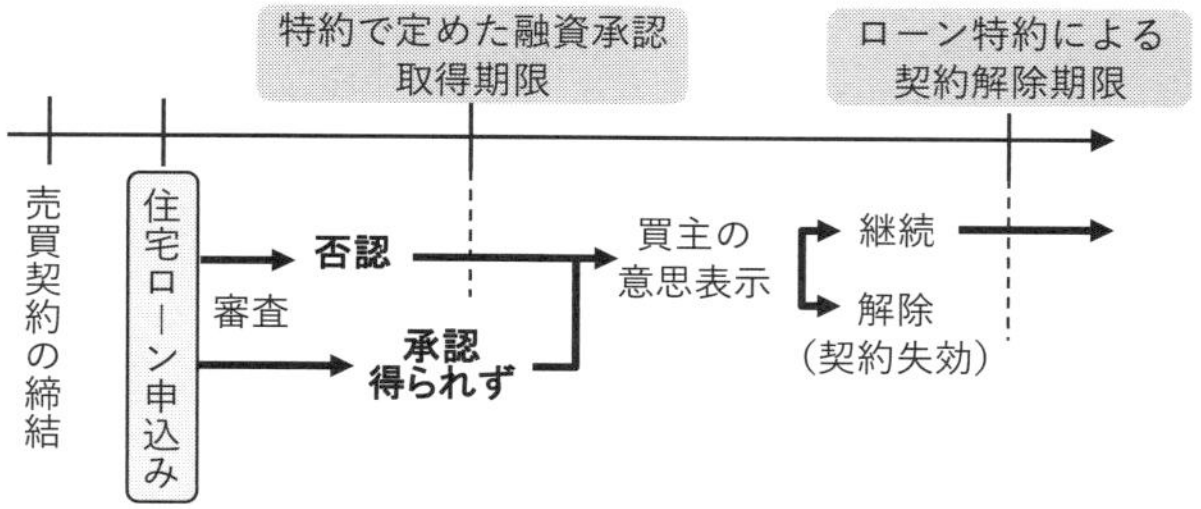

使用される売買契約書によってローン特約の内容が異なるため、他社が作成した売買契約書を使って取引をする場合は必ず特約内容を確認し、契約の締結に先立って買主の承諾を得ておくことが肝心です。

4 引渡し前に行う物件の現地確認

通常、買主の利用する住宅ローンの融資が確定した後から引渡しまでの間で日程を調整し、売主と買主、および宅建業者が立会いの上、現地の最終確認を行うのが一般的です。

特に、契約が締結された時と引渡しの時で物件の形状などが異なるような場合には、契約書に明記された内容が履行されたかどうかを現地にて確認する必要があります。

ⓐ 土地について

公簿売買か実測売買かにかかわらず、一般的な売買契約書の条項には売主による境界の明示義務を規定していることから、**物件の引渡し義務の一環として、売主と買主、および宅建業者が立会いの上、現地にて売主による「境界の明示」を行います。**

また、契約条件として測量や分筆、合筆などを行う場合には、適切に実行されたかどうかについて測量図などを基に現地を確認する必要があります。

契約時点では建物があるものの引渡しまでに解体撤去し、更地渡しとしている場合には、建物だけでなく、敷地内にあった植栽や塀などの撤去状況についても確認をしましょう。

建物を解体することで敷地内に古井戸が見つかったり、あるいは地盤の陥没や地中埋設物が見つかったりすることもありますが、その際には、対処方法について早急に当事者間で話し合いが行えるような対応をとることが肝心です。中古住宅の売買では、庭先や建物と塀の間などに放置された粗大ゴミなどの残留物についても注意が必要です。念のため建物の周囲を一周して残留物の有無と、ある場合の処分について確認を行うようにしましょう。

⒝　建物について

売買契約を締結した時点において建物が未完成のものであれば、予定していたものができあがっているかどうか設計図書などを持参した上で確認をしましょう。

新築分譲住宅などで売主が宅建業者であれば、建具などの不具合や汚れ、傷などがないかも確認し、あれば修繕の依頼を行います。この際、トラブルを防止するためにも必ず書面を取り交わし、後日再度の確認作業が行えるようにしておくことが肝心です。

なお、中古住宅の売買など現況売渡しとしている場合、建物の傷や汚れなどに関して売主が補修を拒む場合もありますので、どのような対応になるのか売主への確認が必要です。

また、賃貸物件の契約で、賃借人の立退きを契約条件としている場合には、立退き（残留物の撤去含む）が完了しているのかどうかについて確認をしましょう。

5　建物に付帯した設備の確認

物件の引渡しまでに、エアコンや照明器具などの建物に付帯した設備に関しても必ず現地にて確認を行います。その際、付帯設備は多岐にわたりますので、必ず「付帯設備一覧表」などを用意して確認作業を行うようにしましょう。

建物に付帯する設備は、原則として使用可能な状態にあるものとしますので、その点にも注意を払いながら一つ一つの設備を確認するようにしてください。

また、付帯する設備については、売主が引渡しまでの間、管理者としての注意義務を負うことになりますので、使用可能である付帯設備に不具合が生じれば、売主の責任と負担において修繕してから引き渡してもらうことになります。

なお、通常、使用されている一般的な売買契約書では、売主は付帯設備について引渡し後の不具合があってもその責任は負わないものと定めたり、引渡し日から一定の期間に限り責任を負うものとすると定めたりするなど、その定め方はさまざまなのですが、いずれにしても、あまり長期間にわたる責任を売主は負わないとしているものが多いように思います。

特定保守製品に関する説明義務

日常使用しているさまざまな製品のうち、平成21(2009)年4月1日以降に製造・輸入される「特定保守製品」9品目が設置されている住宅については宅建業者に一定の説明義務などが求められています。

＜特定保守製品とは？＞

「特定保守製品」と表示がある、次のもの

①　都市ガス用瞬間湯沸器（屋内式）
②　LPガス用瞬間湯沸器（屋内式）
③　都市ガス用風呂がま（屋内式）
④　LPガス用風呂がま（屋内式）
⑤　石油給湯器
⑥　石油風呂がま
⑦　密閉式燃焼（FF）式石油温風暖房機
⑧　電気食器洗浄器（ビルトイン式）
⑨　浴室用電気乾燥機

＜宅建業者が売主となる場合の説明義務＞

①　適正な保守点検が必要であること
②　製造メーカー等への所有者情報の登録が必要であること
③　製造メーカー等から保守などの通知があること
④　登録の変更があった場合は製造メーカーに連絡すること

の4点を買主へ説明する必要があります。

＜中古住宅の売買等の仲介を行う場合の説明義務＞

①　適正な保守点検が必要であること
②　製造メーカー等に所有者情報の提供・変更が必要であること
③　製造メーカーの連絡先は製品に表示されていること

の3点を売主から買主へ伝える必要がありますので、宅建業者は付帯設備表などを使って円滑に情報が伝わるよう協力する必要があります。

6 契約内容の変更などには「覚書」で対応しよう

不動産取引では、売買契約書以外にも当事者間で書面を取り交わす必要性が生じる場合があります。このようなときに作成するのが「覚書」といった書面です。

例えば、売買契約書の記載内容について変更や修正、あるいは訂正すべきことが生じた場合、通常は該当箇所を二重線で取り消して、その部分に新たな内容を記入します。そして、売買契約書の余白部分に「○字削除○字加入」と記入して、訂正箇所とともに契約両当事者の押印をすることで対応しますが、「売買の目的物の表示」や「手付金、中間金、売買代金など当事者間で授受される金銭の額」「合意事項の履行期限や契約解除期限の延期」など、契約内容の重要な部分に関して変更や修正、あるいは訂正をすべきことが生じた場合は、直接契約書の記載内容に手を加えるのではなく、「覚書」を作成して、当事者間で取り交わすようにするのが一般的です。

契約内容の変更などについて口頭でのやりとりをすると、後日の紛争を招く原因となりますので、**必ず書面での対応を実践しましょう。**

覚書の作成例

印紙

融資申込先等の変更に関する覚書

売主○○○○と買主○○○○とは、両者間で令和○年○月○日付締結した後記記載の不動産（以下「本物件」という）の不動産売買契約（以下「原契約」という）に関して次のとおり合意しました。

その証として本覚書２通を作成し、売主・買主署（記）名押印の上、各その１通を保有します。

第１条　売主及び買主は、原契約第○条（融資利用の場合）にもとづく買主の融資利用を次のとおり変更することに合意します。

（変更前）

融資申込先:株式会社○○○銀行		融資金額
融資承認予定日:	令和○年○月○日まで	
融資未承認の場合の契約解除期限:	令和○年○月○日	金○○,○○○,○○○円

（変更後）

融資申込先:株式会社○○○銀行		融資金額
融資承認予定日:	令和□年□月□日まで	
融資未承認の場合の契約解除期限:	令和□年□月□日	金○○,○○○,○○○円

第２条　本覚書に記載なき事項は、原契約によるものとします。

以上

令和○年○月○日

売主　住所

氏名　㊞

買主　住所

氏名　㊞

宅地建物取引業者

宅地建物取引士

《不動産の表示》※

※「不動産の表示」は、売買契約書に記載されている不動産の表示を記入します。

第４節　残金決済および引渡しの業務

1　残金決済および引渡しとは

残金決済および引渡しとは、①買主が売主に残代金を支払い、②売主は残代金の受領と同時に買主へ所有権移転登記の申請と物件の引渡しを行うこと、を指します。したがって、買主は手付金相当額を除いた売買代金の全額を準備し、売主は物件を代金受領と同時に引き渡せる状態にしておく必要があります。

一方で、宅建業者も残金決済および引渡しの当日までに準備をしなければならないことがたくさんありますから、その一つ一つを確実に行い、残金決済および引渡しが滞りなく行われるよう努めなければなりません。

万一、これら業務の中で不確定なことが発生したり、確認を怠るようなことがあったりすれば、残金決済および引渡しの当日になって、その業務に支障をきたし、お客様に不測の被害を与えてしまう可能性があります。すると、媒介を担う者としての責務を果たせなかったとして、お客様からクレームが入ることはもとより、報酬の受領に影響が及ぶことも十分に考えられますので、最後まで慎重な対応を心がけましょう。

決済当日に向けて準備する主なもの

売主	**〔用意する費用〕** ①　仲介手数料 ※登記費用（抵当権の抹消などが必要な場合） **〔持参物〕** ①　権利証 ②　印鑑（実印、認印） ③　印鑑登録証明書（発行から3ヵ月以内） ④　身分証明書（運転免許証など） ⑤　固定資産税・都市計画税納税通知書 ⑥　電気・ガス・水道他精算領収書 ⑦　鍵（合鍵を含め、現存するすべての鍵） ※パンフレット、設計図書、管理規約など ※抵当権などの抹消書類（通常は抵当権者が持参します）
買主	**〔用意する費用〕** ①　残代金 ②　諸費用（登記費用、公租公課の分担金など） ③　仲介手数料 **〔持参物〕** ①　印鑑（認印） ②　住民票・法人の場合は資格証明書（発行から3ヵ月以内） ③　住宅用家屋証明書（通常は司法書士などが準備します） ④　身分証明書（運転免許証など） ※抵当権設定登記がある場合には、実印および印鑑登録証明書（発行から3ヵ月以内）
宅建業者	**〔持参物〕** ①　残代金の領収書（売主が個人の場合） ②　固定資産税・都市計画税の分担金計算書と領収書（売主が個人の場合） ③　管理費、修繕積立金等分担金計算書と領収書（売主が個人の場合） ④　仲介手数料の領収書 ⑤　印紙（仲介手数料の領収書貼付用） ⑥　取引完了確認書 など ※鍵（売主より預かっている場合）

「※」印は、必要に応じて用意するものです。

2 残金決済および引渡しの当日に向けた準備

売買契約の中で約束したことがすべて整ったら、いよいよ残金決済および引渡しに向けた準備に入りましょう。契約の当事者であるお客様に準備してもらうものは意外と多いものです。何か一つでも不備があれば、残金決済および引渡しが中断してしまうこともありますので、書面をもって早めに持参物などの案内をすることを心がけましょう。

ⓐ 残代金などの準備の確認

買主の残代金支払い準備が整っているかどうかを確認します。

通常、残代金は現金で支払われる（買主の預金口座から売主の指定する預金口座へ振込みにより支払う）のが一般的ですから、支払いの一部に自己資金を充てる場合には、事前に住宅ローンの融資金が入る預金口座へ必要な金額を預金しておいてもらいましょう。

また、株式など現金化に時間のかかるものが自己資金の中に含まれている場合には、お客様に対して早めの対応（換金手続きなど）をお願いするようにしましょう。

なお、所有権移転登記と同時に売主が設定した抵当権を抹消する必要があるにもかかわらず、預金小切手（金融機関が支払人として振り出す「自己宛小切手」の一種）による残代金の支払いを買主が希望している場合には注意が必要です。なぜなら、預金小切手は現金化されるまで数日かかる場合があり、換金されるまでは売主の債務が弁済されず、当然に抵当権の抹消も行われないからです。

そこで、残代金支払い時に売主側の債務弁済が行われるよう残債務に相当する額を現金で、それ以外を預金小切手でという具合に金種を分けるのが一般的な対応となります。

(b) 日時・場所の確認

売買契約書に定めた残代金支払いおよび物件の引渡し期日は、遅くともその日までに行うことを約束するものですから、当然にその日であるといった意味ではありません。

したがって、買主の利用する住宅ローンの融資実行予定日や、売主が契約条件として行う測量などの約定行為についての進捗状況を勘案した上で、あらためて取引関係者全員の日程調整を行い、日時と場所を決定する必要があります。

例えば、買主が住宅ローンを利用する場合には、その金融機関の店舗に関係者全員が集まって手続きを行うのが一般的です。

なお、売買契約書に記載された残金決済および引渡しの予定期日を過ぎてしまう場合には、必ず事前に当事者の了承を得るとともに、改めて取り決める期日に関する「覚書」などの書面を取り交わすことが大切です。たとえ1日の遅延であっても事前に書面を取り交わす必要がありますので、日時や場所の決定は早めに行っておくことを心がけるべきでしょう。

ⓒ 各種精算金の準備

通常の売買契約では、公租公課（固定資産税、都市計画税）や、マンションの場合の管理費、修繕積立金などについて、引渡し日をもって日割り精算をするのが一般的です。

そこで、残金決済および引渡しの日程が決まったら、その日を基準に（引渡し日の前日までが売主、引渡し日以降が買主の負担とするのが一般的です）精算額の計算を行い、項目と金額をまとめた「費用明細書」などの書面を作成しておきましょう。

また、実測売買により売買代金の精算を行う必要がある取引では、決済当日に「実測図」と「境界確認書」を買主へ交付した上で、実測面積と契約面積の差について売買代金の精算を行う必要が生じます。このような場合、「実測清算確認書」などの書面を作成し、当事者の了解を事前に得ておくことが肝心です。

(d) 司法書士の手配

残金決済の日時と場所が確定したら、登記申請手続きを委任する司法書士の手配を行います。本来は登記権利者（＝買主）が指定するものなのですが、買主から特段の要望がなければ、買主が利用する住宅ローンの金融機関が指定した司法書士に依頼するのが一般的です。

司法書士が確定したら、依頼する登記申請の内容と、かかる費用、必要書類などについて事前の打ち合わせをしておきましょう。また、抵当権が設定されている物件を取引する場合には、抵当権抹消に必要な書類を抵当権者（金融機関など）に用意してもらう必要がありますので、金融機関側の担当者と司法書士とが直接やり取りできるよう手配をしましょう。

(e) 当事者への連絡・確認

残金決済および引渡しに関する準備が整ったら、日時と場所、登記に要する費用や各種精算金の額、売主から買主へ引き渡すものを含めた当日の持参物などについてまとめた書面を作成した上でお客様へ案内をして、当日の手続きが滞りなく行えるよう準備を促しておくことが大切です。

登記費用や各種精算金などの費用は現金での支払いとなることが一般的ですから、なるべく早いタイミングでの案内を心がけましょう。

3 残金決済および引渡しの当日業務の流れ

買主が住宅ローンを利用する金融機関の店舗で残金決済および引渡しを行う場合の当日の業務は、次のような流れになります。

⒜ 登記所での登記簿確認

当日は、登記所にて登記事項証明書を取得し、売買契約締結以降の権利変動がないかどうかを確認してから残金決済の手続きを行う場所（金融機関など）へ向かいましょう。

⒝ 登記申請の手続き

残金決済は、関係者全員が揃ったところで、司法書士による登記申請に必要な書類の確認作業から始まります。

① 売主側の手続き

売主が持参した権利証と印鑑登録証明書について司法書士がその内容を確認します。抵当権が設定されている場合には、抵当権者（金融機関など）が持参する抹消書類もこのときに確認します。不備がなければ、司法書士が作成してきた登記申請にかかる委任状と登記原因証明情報に署名捺印（実印）をします。

② **買主側の手続き**

買主については、持参した住民票を司法書士に提出し、司法書士が作成してきた登記申請にかかる委任状へ署名捺印をします。住宅ローンを利用する場合には、抵当権設定のための登記申請手続きも行います（金融機関からも必要書類が司法書士へ提出されます）。

ⓒ 融資の実行依頼と残代金の支払い

登記申請にかかる書類の確認作業が一通り完了し、司法書士から取引に問題がない旨の確認が取れたら、金融機関の担当者へその旨を伝え、住宅ローンの融資実行を依頼します。

このとき、住宅ローンの融資金を振り込んでもらうための預金通帳（買主）と、売主へ残代金を支払うための振替用紙、諸費用を現金で支払うために払先ごとに分けて用意した払出用紙も一緒に金融機関の担当者へ渡すようにしましょう。

しばらく後、買主への融資実行と同時に、売主へ残代金の支払い（通常は振込み）が行われますので、売主が自分の預金口座への入金を確認できたら買主へ領収書を渡します。

(d) 諸費用の精算と書類などの引渡し

残代金の支払いが終わったら、続いて公租公課や管理費等の精算を行います。事前にお客様へ送付した「費用明細書」などを改めて提示した上で、そこに記載された精算項目と金額を確認しながら、一つずつ順番に行うようにしましょう。

また、通常、契約時点では重要な書類（土地の実測図や建物の確認済証・検査済証、マンションの場合の管理規約等、買主へ引き継ぐべきもの）についてその写しを買主へ引き渡しているものですから、取引の完了にあたり、それら写しの原本を買主へ引き渡すことになります。

(e) 取引の完了を確認

最後に、売主から買主へ建物の鍵の引渡しを行うことで物件の引渡しが完了します。すべての手続きが終わったら、①契約当事者の債務の履行が完了したことの確認、②公租公課・諸費用等の精算根拠の明示、③契約不適合責任またはアフターサービスの期間における起算日の確定、④手付金の保全措置を講じている場合の保証または保管の責任解除、⑤売主・買主双方の転居後の連絡先の確認、のため「取引完了確認書」などの書類をお客様との間で取り交わしておくといいでしょう。

決済当日の業務の流れ

登記簿の確認	・登記所にて、契約締結後の権利変動の有無について確認
↓	
登記申請の手続き	・司法書士による必要書類の確認 ・登記必要書類の授受および登記手続きの委任状へ署名捺印
↓	
融資実行依頼	・ローン担当者へ融資の実行を依頼 ・払出し、振込み用紙の記入
↓	
残代金の授受	・買主より残代金の支払い （実測清算がある場合は精算金の確認） ・売主から買主へ領収書の受け渡し
↓	
諸費用等の精算	・公租公課などの分担金の精算 ・司法書士へ登記費用の支払い
↓	
書類の引渡し	・売主から買主へ重要書類の原本引渡し ・アフターサービス規準、設備の取扱説明書・保証書などの引渡し
↓	
物件の引渡し	・鍵の引渡し ・取引完了確認書への署（記）名押印と交付
↓	
報酬の受領	・領収書の交付

「売買仲介営業 入門セミナー」シリーズ

著者が講師を務める住宅新報の「売買仲介営業　入門セミナー」は、売買仲介業に従事して間もない営業社員の方を対象とした実務セミナーです。

実際の営業実務にあわせたテーマ別のプログラムになっていますので、１年を通して段階的に売買仲介営業実務に必要なスキルを身につけることができます。

テーマ	主なプログラムの内容
客付編	プロとしての心構えと購入検討客への営業活動 （媒介業務の基本ルールと、客付業務の実践的ノウハウなど）
資金編	住宅ローンと資金計画に必要な税金の基礎知識 （住宅ローンの基礎知識と資金計画の立て方、購入時の税金など）
元付編	売却依頼に基づく営業活動と税金の基礎知識 （元付業務の実践的なノウハウと、売却時の税金など）
調査編	宅建業者に求められる物件調査の種類と必要な基礎知識 （調査の目的と方法、調査漏れを起こさないための注意点など）
重説編	トラブルを起こさないための重要事項説明書の作成と説明 （ケース別記載例による重要事項説明書の作成と説明時の注意点など）
契約編	売買契約書の作成と契約から残金決済までの実務 （取引内容に応じた契約書や覚書等の作成と決済までの実務など）
コンサル編	お客様の心をつかむコンサルティング実務 （コンサルティング・セールスに必要な知識と提案方法の習得など）

セミナーについての情報は、著者が代表を務める（有）プランサービスのホームページからもご覧いただけます。

URL　https://plan-service.co.jp/zemi/news.html

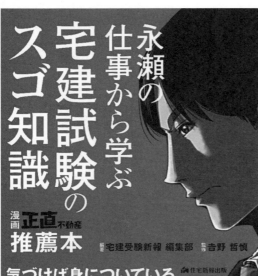

【著者プロフィール】

本鳥　有良（もとどり　ありよし）

1965年東京生まれ。新築分譲マンションの販売営業から売買仲介の営業まで10年以上にわたり不動産業の実務に携わり、平成14年に不動産に特化した独立系FP（ファイナンシャルプランナー）会社である(有)プランサービスを設立。

営業時代の経験を活かして、不動産会社に勤務される営業社員向けの企業研修や一般消費者向けセミナーなどの講演活動、書籍執筆などで活動中。

また、平成17年から学校法人大原学園にてFP資格試験講座の非常勤講師を務め、現在、FP２級（不動産、相続）とCFP（相続）、宅地建物取引士講座を担当中。

新人不動産営業が最初に読む本　5訂版

平成26年３月27日　初版発行
平成29年５月22日　改訂版発行（旧書名 新人不動産営業マンが最初に読む本）
令和２年12月28日　３訂版（改題版）発行
令和４年11月９日　４訂版発行
令和７年３月31日　５訂版発行

著　者　本　鳥　有　良
発行者　馬　場　栄　一
発行所　㈱住宅新報出版
〒174-0014　東京都豊島区池袋2-38-1
電話（03）6388-0052

印刷・製本／株式会社和幸印刷
落丁本・乱丁本はお取り替えいたします。
Printed in Japan
ISBN978-4-910499-98-7 C2030